UMA QUESTÃO DE
CARÁTER

COLEÇÃO ADMINISTRAÇÃO E NEGÓCIOS

Barry J. Nalebuff & Adam M. Brandenburger
CO-OPETIÇÃO

Bengt Karlöf
CONCEITOS BÁSICOS DE ADMINISTRAÇÃO

Chip R. Bell & Heather Shea
LIÇÕES DE DANÇA

Dave Marcum, Steve Smith & Mahan Khalsa
BUSINESSTHINK

David A. Vise & Mark Malseed
A HISTÓRIA DO GOOGLE

David Gewirtz
A EMPRESA FLEXÍVEL

Derek Lee Armstrong & Kam Wai Yu
O PRINCÍPIO PERSONA

Eric Abrahamson
UMA BAGUNÇA PERFEITA

Francis Fukuyama
A GRANDE RUPTURA
CONFIANÇA

Fred Wiersema
OS NOVOS LÍDERES DE MERCADO

Gary L. Neilson & Bruce A. Pasternack
RESULTADOS

Gerald Ross e Michael Kay
O FIM DAS PIRÂMIDES

Ira Matathia & Marian Salzman
SIGA

James C. Collins & Jerry I. Porras
FEITAS PARA DURAR

James Champy
ENGENHARIA CRUZADA

Janet Gleeson
O INVENTOR DO PAPEL

Lester C. Thurow
A CONSTRUÇÃO DA RIQUEZA

Margaret Lobenstine
OS NOVOS RENASCENTISTAS

Marshall Sylver
PAIXÃO, LUCRO & PODER

Michael Fradette & Steve Michaud
O PODER DA CINÉTICA CORPORATIVA

Michael Treacy & Fred Wiersema
A DISCIPLINA DOS LÍDERES DE MERCADO

Ricardo Semler
VIRANDO A PRÓPRIA MESA
VOCÊ ESTÁ LOUCO!

Richard J. Leider & David A. Shapiro
ASSOBIE ENQUANTO TRABALHA
REORGANIZE SUA BAGAGEM

Richard Koch
AS LEIS DO PODER

Richard Koch & Ian Godden
GERENCIAR SEM GERÊNCIA

Robert Greene e Produção de Joost Elffers
AS 48 LEIS DO PODER – EDIÇÃO CONCISA

Robert Greene e Projeto de Joost Elffers
AS 48 LEIS DO PODER

Sal Randazzo
A CRIAÇÃO DE MITOS NA PUBLICIDADE

Vincent P. Barabba
REUNIÃO DE TALENTOS

Joseph L. Badaracco, Jr.

UMA QUESTÃO DE
CARÁTER

Como a literatura ajuda
a identificar a essência da liderança

Tradução de
Talita M. Rodrigues

Título original
QUESTIONS OF CHARACTER
Illuminating the Heart of Leadership Through Literature

Copyright © 2006 by Harvard Business School Publishing Corporation
Edição brasileira publicada mediante acordo
com Harvard Business School Press.

Nenhuma parte desta obra pode ser reproduzida, ou transmitida por qualquer forma ou meio eletrônico ou mecânico, inclusive fotocópia, gravação ou sistema de armazenagem e recuperação de informação, sem a permissão escrita do editor.

Direitos para a língua portuguesa reservados
com exclusividade para o Brasil à
EDITORA ROCCO LTDA.
Av. Presidente Wilson, 231 – 8º andar
20030-021– Rio de Janeiro, RJ
Tel.: (21) 3525-2000 – Fax: (21) 3525-2001
rocco@rocco.com.br
www.rocco.com.br

Printed in Brazil/Impresso no Brasil

preparação de originais
FÁTIMA FADEL

CIP-Brasil. Catalogação-na-fonte.
Sindicato Nacional dos Editores de Livros, RJ.

B124u	Badaracco, Joseph L. Uma questão de caráter: como a literatura ajuda a identificar a essência da liderança/Joseph L. Badaracco, Jr.; tradução de Talita M. Rodrigues. – Rio de Janeiro: Rocco, 2007. Tradução de: Questions of character: Illuminating the Heart of Leadership Through Literature ISBN 978-85-325-2269-6 1. Liderança. 2. Liderança – Aspectos morais e éticos. I. Título.
07-3536	CDD – 658.4092 CDU – 65:316.46

Para meus alunos

SUMÁRIO

Introdução   9

1. Eu tenho um bom sonho?   19
   Morte de um caixeiro-viajante, de Arthur Miller

2. O meu código moral é flexível?   40
   Things Fall Apart, de Chinua Achebe

3. Meus modelos são inquietantes?   64
   "Blessed Assurance", de Allan Gurganus

4. Eu realmente me importo?   87
   O amor do último magnata, de F. Scott Fitzgerald

5. Estou pronto para *assumir* responsabilidades?   111
   "The Secret Sharer", de Joseph Conrad

6. Consigo resistir à maré de sucessos?   132
   I Come as a Thief, de Louis Auchincloss

7. Como combino princípios e pragmatismo?   153
   O homem que não vendeu sua alma, de Robert Bolt

8. O que é uma boa reflexão?   178
   Antígona, de Sófocles

9. Julgando o caráter   205

Notas   215
Bibliografia   220

INTRODUÇÃO

HÁ ALGUNS ANOS, pouco antes de começar uma aula, achei que tinha cometido um grande erro. Seria uma discussão sobre liderança com um grupo de executivos da diretoria da minha escola. Eram pessoas muito ocupadas, e fiquei imaginando quantos teriam lido o trabalho de casa. A aula era num sábado de manhã cedo, depois de um jantar na véspera, e eu também não sabia se todos estariam despertos. E, pior de tudo, eu havia pedido a esses executivos de mente prática e lógica para lerem um conto pouco conhecido: "The Secret Sharer" (O cúmplice secreto) de Joseph Conrad. Semanas antes, a experiência me parecera interessante, mas agora eu desejava ter escolhido um desses casos tradicionais analisados nas escolas de negócios.

O único aspecto positivo da situação era o conto em si. Ele descreve um homem na sua primeira viagem como capitão de navio. Uma noite, fazendo a ronda, ele deixa que um estranho misterioso suba a bordo. O sujeito diz que acabou de escapar da prisão de outro navio, onde foi injustamente acusado de assassinato. O capitão acredita, esconde o homem durante vários dias, e depois leva o navio para perto de uma costa perigosa para que o estranho possa nadar até a praia.

Iniciei a aula com alguns comentários de introdução e em seguida perguntei: "O que vocês acharam de interessante ou polêmico nessa história?" Meu objetivo era simplesmente fazer algumas pessoas falarem. Várias mãos ergueram-se na mesma hora. Um executivo chamou o capitão de idiota – por ter aceitado um estranho no navio, em primeiro lugar. Outro, ex-oficial da marinha, disse que teria se recusado a navegar sob a direção de alguém tão irresponsável.

Agora eu tinha uma nova preocupação – a de que o debate se tornasse por demais unilateral –, mas recorri a um grande executivo, um CEO muito respeitado. Ele olhou em volta e disse: "Aposto que a maioria de vocês já fez coisas semelhantes, e não estariam aqui se não tivessem feito." Os melhores jovens, ele acrescentou, arriscam-se, testam-se e aprendem com o que acontece. Quando ele terminou, várias mãos se levantaram, ansiosas para comentar ou discordar.

Passei o resto da aula escutando, em vez de liderar, uma discussão. A conversa tratou de muitas questões importantes. O capitão estava pronto para assumir as suas responsabilidades? O que as suas atitudes revelam sobre o seu caráter? Como os líderes aprendem com os seus erros? O grupo estava interessadíssimo, argumentando sobre o capitão e falando das suas próprias experiências. De fato, mais ou menos um ano depois, um colega meu encontrou alguém que tinha participado do debate, e que ainda queria continuar falando sobre o capitão.

O que aconteceu na sala de aula naquela manhã? Por que a discussão despertou tanto entusiasmo? Um feliz acaso sem dúvida ajudou, como em qualquer aula boa. Uma artimanha também favoreceu o debate: os executivos tinham sido induzidos a tratar uma obra de ficção como o estudo de um caso típico de uma escola de negócios. Esse truque foi importante porque muita gente associa literatura com discursos acadêmicos obscuros sobre imagens freudianas ou desconstrução; análises de casos, por outro lado, são ferramentas familiares no ensino da arte da administração.

Mas alguma coisa além disso estava acontecendo. O caso do capitão encontrou eco entre os executivos. Nenhum deles havia comandado um navio mercante no Sudeste da Ásia, mas a história que Conrad inventou sobre o que é assumir uma responsabilidade soava verdadeira. E também levantou várias dúvidas sobre liderança que os executivos reconheceram como críticas, e o fato de estarem inseridas na narrativa os fez pensar nessas questões em termos pessoais. Eles iam e vinham, com facilidade e naturalmente, dos desafios que o capitão tinha de enfrentar para aqueles que encontravam em suas próprias carreiras. A história de Conrad funcionou como um excelente espelho: olhando de perto o nosso capitão, os executivos refletiam sobre si mesmos como líderes.

Este livro é uma longa versão das discussões naquela manhã de sábado. Ele convida os leitores a aprenderem – sobre liderança e sobre si mesmos –, estudando obras sérias de ficção, tratando-as como casos para serem analisados e examinando-as em profundidade.

COMO A LITERATURA ILUMINA A ALMA DA LIDERANÇA

Como a ficção séria nos ajuda a compreender o que é liderança? A resposta é simples, mas de um vigor extraordinário: a ficção séria nos dá uma visão interna, única, de liderança. Na vida real, a maioria das pessoas vê os líderes de suas organizações ocasionalmente e percebem apenas de relance o que pensam e sentem. Até entrevistas com executivos têm os seus limites. Eles não falam muito, mesmo quando querem ser francos: sensibilidades precisam ser observadas, a memória desaparece e, às vezes, distorce, e sucessos superam em número os fracassos.

Em contraste, a literatura séria oferece uma visão do lado de dentro. Ela abre portas para um mundo raramente visto – exceto, de vez em quando, pelas esposas e amigos íntimos de líderes. Ela nos deixa observar líderes à medida que pensam, preocupam-se, esperam, hesitam, envolvem-se, exultam, arrependem-se e refletem. Vemos seus caráteres sendo testados, reformulados, reforçados ou enfraquecidos. Esses livros nos conduzem para os mundos dos líderes, colocam-nos nas suas peles e, às vezes, permitem-nos compartilhar de suas experiências.

Por exemplo, o primeiro capítulo deste livro discute a grande peça de Arthur Miller, *Morte de um caixeiro-viajante*. Ela foi apresentada pela primeira vez em fevereiro de 1949, na cidade de Nova York. Quando a cortina caiu na noite de estréia, a platéia ficou sentada em silêncio. Nos bastidores, Arthur Miller e a companhia não compreendiam o que estava acontecendo. Alguns achavam que a platéia não havia percebido que a peça terminara; outros pensaram que tinha sido um fracasso total. Miller se lembra de ficar espiando e olhando atentamente para vários homens e mulheres; estavam sentados muito quietos, com lágrimas escorrendo pelo rosto. Quase trinta segundos se passaram antes que todos se levantassem e aplaudissem de pé.

Nas melhores histórias, vida e literatura convergem. Os personagens surgem como pessoas reais, não marionetes ou espécimes criados em laboratório. Isso pode alargar a nossa visão de liderança ao nos mostrar líderes, num amplo leque de circunstâncias. Também aprofunda a nossa compreensão revelando o que pensam e sentem. E, se examinarmos de perto esses homens e mulheres, vamos nos ver diante de uma série de questões polêmicas – sobre os indivíduos nas histórias e sobre nós mesmos.

Este livro está organizado em torno de oito dessas questões. Todas são perguntas sobre caráter – para homens e mulheres que já são líderes em empresas ou pretendem ser um dia. Isto é, cada questão é um guia para uma auto-avaliação sobre um determinado aspecto de caráter e um modo de ir além de termos gerais como *caráter* e *recursos interiores*. O caráter é importante, mas a literatura séria sugere que, para os líderes, o caráter é importante de um modo específico. Significa ter respostas pessoais para um conjunto particular de questões.

Os líderes precisam responder a essas perguntas por si mesmos – não porque este livro as apresente ou porque a ficção séria nos faça pensar nelas, mas porque vida e trabalho fazem os líderes se confrontarem com esse tipo de dúvida. Por exemplo, o novo capitão enfrentou uma questão que administradores com freqüência têm dificuldade para responder: Estou pronto para assumir um novo conjunto de responsabilidades? Os líderes talvez não sejam capazes de expressar em poucas palavras suas respostas a essas questões, mas precisam de uma forte noção intuitiva de como elas seriam.

Ao pesquisar para dois outros livros, *Defining Moments* e *Leading Quietly*, aprendi que os testes mais difíceis para os líderes questionam tanto seu caráter quanto sua habilidade. Os líderes aprendem e crescem enfrentando esses desafios, mas isso não acontece automaticamente. Fazer perguntas difíceis e desenvolver respostas pessoais para elas é um jeito útil de os líderes aprenderem com a sua experiência e se prepararem para as oportunidades e testes que virão no futuro. Ao se esforçarem para resolver estas questões de caráter, homens e mulheres podem ganhar uma compreensão melhor de si mesmos e dos meios para liderar com mais eficiência.

Os líderes são testados repetidas vezes, durante toda a sua carreira, e o autoconhecimento adquirido com esses testes de caráter é a alma da liderança. Em outras palavras, a diferença entre sucesso e fracasso não é habilidade, técnica, credenciais, conexões ou até experiência. É clareza a respeito de quem uma pessoa é. Esse autoconhecimento é muitas vezes um fator crítico que capacita os líderes a fazer seu trabalho, cumprir suas responsabilidades e levar vidas úteis e compensadoras.

QUESTÕES DE CARÁTER

A minha discussão com os executivos baseou-se, em parte, num curso inusitado de MBA que dei nos últimos dez anos na Harvard Business School. Em vez de casos, os alunos liam obras de ficção. Esse não é um curso sobre crítica literária, e os alunos não estão procurando a interpretação "certa" para essas obras. Meu objetivo ao planejar o curso foi muito específico. Queria encontrar histórias e questões sobre histórias que esclarecessem bem os recorrentes testes de caráter que homens e mulheres enfrentam em cargos de responsabilidade. Eu, particularmente, queria histórias que levassem os alunos a examinar e testar seu próprio caráter – vendo-se no espelho de fascinantes personagens de ficção.

Infelizmente, uma boa parte da ficção sobre executivos de negócios é inadequada para essa tarefa porque os apresenta como pessoas unidimensionais, dominadas ou destruídas pela busca de riqueza e poder. Acabei decidindo-me por um conjunto de romances, contos e peças que oferecem retratos complexos, bem-acabados, de líderes de negócios, líderes em outras posições sociais ou indivíduos cujos desafios, particularmente em termos psicológicos e emocionais, correspondem aos dos líderes. Alguns dos indivíduos que vamos examinar não são líderes no sentido convencional, mas todos nos ajudam a compreender o papel do autoconhecimento na liderança.

Um forte padrão está presente em muitas obras de literatura séria. Isto é, existem certos desafios fundamentais que testam o caráter de líderes de determinadas maneiras que permitem que eles compreendam a si mesmos, e esses desafios tendem a surgir em diferentes momentos da vida e da carreira de um líder.

Esse padrão é antigo e constante. É encontrado nos clássicos da literatura ocidental, como *Ilíada*, *Odisséia* e *Guerra e paz*, assim como em muitas obras contemporâneas. Os desafios básicos dos líderes aparecem de forma tão ampla, talvez até universalmente, porque refletem dois aspectos fundamentais e constantes da liderança. Um é o seu lado humano – as esperanças e temores, traços e instintos da natureza humana comuns a todos nós. O outro é a agenda imutável da liderança, em todos os lugares e tempos: desenvolver uma meta, um plano, um propósito ou um ideal, e trabalhar com outras pessoas e através delas para torná-los reais

– num mundo que é com freqüência incerto, recalcitrante e às vezes perigoso.

No início da carreira, quatro testes de caráter são muito importantes, e cada um levanta uma questão fundamental para os que já são e para aqueles que pretendem ser líderes um dia. Os primeiros quatro capítulos tratam cada um de uma dessas questões. Por exemplo, o primeiro quer saber: Eu tenho um bom sonho? Essa pergunta é uma forma de indagar sobre as profundas aspirações, paixões e esperanças que guiam os líderes. Para compreender o que se quer dos líderes, o capítulo examina de perto a peça *Morte de um caixeiro-viajante* e Willy e Linda Loman. Nem Willy nem seus filhos conquistaram os papéis de liderança que Willy tanto queria, e seus fracassos proporcionam uma clara orientação sobre o que é um sonho saudável para um líder. Ao mesmo tempo, a história deles também levanta questões mais específicas que líderes e futuros líderes podem perguntar a respeito de suas próprias esperanças e aspirações. Eu poderia estar correndo o mesmo risco que Willy? Estou desenvolvendo a minha criatividade para evitar essa situação desagradável? Analisando a peça, encontramos alguns modos preciosos de responder a essas perguntas, reconhecer bons sonhos e nos proteger dos que são ruins.

Os três capítulos seguintes tratam de outras questões que os líderes precisam enfrentar durante toda a sua carreira, mas que têm maior realce no início. Cada capítulo combina uma questão fundamental com uma história que oferece claras implicações para os líderes. As perguntas são: O meu código moral é flexível? Tenho modelos inquietantes? Eu realmente me importo? Cada história nos apresenta a um indivíduo notável. Um é líder de uma tribo da Nigéria tentando conduzir seu povo em meio a um tumulto provocado por colonizadores brancos. Outro é um jovem tentando construir uma carreira, cuidar dos pais doentes e proteger vários clientes da predatória companhia de seguros para a qual trabalha. O terceiro é um brilhante e entusiasmado CEO de um grande estúdio de Hollywood.

Depois desses quatro capítulos, o livro focaliza um momento decisivo nas carreiras de muitos líderes. O capítulo cinco faz a pergunta: Estou pronto para assumir responsabilidades? Para compreender o que essa pergunta significa para administradores, voltamos ao novo capitão em "The Secret Sharer" e examinamos um incidente isolado no qual ele fica sabendo se tem a força emocional e psicológica para realmente comandar o seu navio e assumir a responsabilidade pelas vidas da sua tripulação. Joseph Conrad passou décadas no mar, promovido de membro da tripulação até chegar a capitão, e essa história destila muito do que ele ficou sabendo sobre como homens e mulheres aprendem a assumir responsabilidades em organizações.

Os três capítulos finais tratam de questões fundamentais que surgem com particular acuidade mais adiante na carreira de uma pessoa. Elas mostram claramente que o trabalho duro de formação de caráter não acaba nunca para homens e mulheres com sérias responsabilidades na vida: até indivíduos bem-sucedidos, experientes e poderosos enfrentam assustadoras questões de caráter. Algumas das mais importantes são: Consigo resistir à maré de sucessos? Como eu combino princípios e pragmatismo? O que é uma boa reflexão?

Vamos examinar três livros que mostram líderes debatendo-se com cada uma dessas questões. Um deles é advogado e empreendedor de sucesso, levado a medidas extremas a fim de descobrir o que é mais importante na sua vida. Outro é Sir Thomas More, lutando contra o rei Henrique VIII para salvaguardar a sua família e a sua consciência. O capítulo final examina de perto Antígona e Creonte, as figuras centrais da peça de Sófocles, *Antígona*. Seus trágicos erros sugerem vários meios excelentes para líderes refletirem sobre as decisões cruciais que tomam.

No fim, a literatura nos dá apenas uma janela para a liderança. Outras perspectivas importantes vêm de historiadores, jornalistas, estudiosos, relatos pessoais de líderes sobre suas experiências e das nossas próprias observações. Além do mais, a melhor maneira de aprender sobre liderança, ou sobre qualquer aspecto importante da vida, é pela experiência. Mas a experiência pessoal é estreita e enviesada – num mundo com seis bilhões de pessoas e milhares de anos de história registrada, cada um de nós é apenas um minúsculo pontinho efêmero de consciência. As lições de experiência pessoal podem também ser muito caras e muitas vezes aprendidas tarde demais – os pedaços não foram recolocados no lugar, a palavra dura não pode ser desdita, um capítulo da vida está para sempre encerrado. É por isso que Benjamin Franklin escreveu: "A experiência é uma escola cara, mas o tolo não aprende em nenhuma outra."

"UM SÓLIDO ALICERCE INTERIOR"

Questões de caráter não são simplesmente úteis ou valiosas. Os capítulos a seguir mostram que são cruciais para o sucesso da liderança. Ouvi recentemente o CEO muito respeitado de um laboratório farmacêutico internacional dizer sobre a importância do caráter de um líder:

> Líderes oscilam, avançam e recuam. Às vezes você confia, e às vezes desconfia. Você precisa ser um idealista e um realista. Às vezes você controla e outras, delega poder. Você tem que olhar a curto e a longo prazo. Às vezes você anda rápido e às vezes só escuta. Você precisa ter um sólido alicerce interior, para poder abrir os olhos e reagir a situações sem perder de vista quem você é.

Há duas mensagens aqui. Primeiro, líderes se perdem no caminho, até quando têm a melhor das intenções e evidentes habilidades, por causa das inexoráveis, intensas e extraordinariamente variadas exigências que enfrentam. Segundo, líderes precisam saber quem realmente são.

A era recente deu pouca atenção às vidas interiores de líderes de empresas. Pelo contrário, os executivos eram tratados como animais de laboratório cujo comportamento podia ser controlado corrigindo-se o ambiente em que viviam. Sistemas do tipo remuneração segundo o desempenho, tipicamente associado ao preço das ações, supunham que as pílulas certas – na maioria dos casos, opções de ações – produziriam o comportamento correto. Quando essa abordagem causou problemas, a legislação Sarbanes-Oxley foi aprovada, aumentando penalidades e promovendo transparências – o equivalente a aplicar choques mais fortes aos roedores mal-comportados e disparar na direção deles luzes mais intensas.

Claro, incentivos e regulamentos são e sempre serão importantes. Os executivos que discutiram o novo capitão compreendiam isso, mas também sabiam que o compromisso, as atitudes, o cuidado e a dedicação têm muito mais a ver com liderança do que salários e bônus. Em outras palavras, questões de caráter importam mais do que linhas nos currículos.

No centro do caráter ficam os sonhos de vida e de trabalho. Os líderes passam uma boa parte de suas vidas pensando com antecedência e planejando, estabelecendo metas e avaliando progressos. Mas, por trás desses esforços racionais, práticos, eles estão em busca de seus sonhos. Embora muitas vezes relutem em admitir isso, esses homens e mulheres têm imagens fortes do que seja viver bem e ter uma boa carreira, e querem muito torná-las reais. Na pior ou melhor das hipóteses, esses sonhos podem moldar tudo o que eles fazem. Por conseguinte, a primeira pergunta que surge naturalmente é o que é um bom sonho para um líder. A vida de Willy Loman dá uma ótima resposta para essa pergunta.

CAPÍTULO 1

Eu tenho um bom sonho?

UM BOM SONHO é um recurso interior crucial para líderes. Grandes negócios, grandes idéias e grandes realizações em geral se originam das mais profundas aspirações de um indivíduo. Uma imagem atraente – de um mundo e uma vida melhores para eles mesmos – os impulsiona para frente vencendo obstáculos e dificuldades e absorve as aspirações e sonhos dos outros. David Lilienthal, que dirigiu a Tennessee Valley Authority durante vinte anos e depois chefiou a Atomic Energy Commission, escreveu certa vez: "A vida administrativa é a mais extensa, a mais exigente e, de longe, a mais abrangente e sutil de todas as atividades." O seu objetivo, ele acreditava, era "liderar, incitar e despertar capacidades – e sonhos – latentes de outros seres humanos".[1]

Quando o sonho de um líder dá errado, as conseqüências – para líderes, famílias e organizações – podem ser devastadoras. A peça de Arthur Miller, *Morte de um caixeiro-viajante*, coloca diante de nós duas proposições sobre sonhos. Uma faz refletir, a outra é profundamente perturbadora. A idéia polêmica é que somos todos criaturas de nossos sonhos. Alguns de nós têm um único sonho dominante; outros têm uma multidão de esperanças e aspirações. Alguns de nossos sonhos são claros, outros enevoados ou confusos, ou inconscientes. Mas Miller sugere com todo o vigor que somos todos movidos a sonhos. A proposição desconcertante é que os sonhos errados são venenos de ação lenta. Corroem os relacionamentos mais íntimos e importantes de uma pessoa e destroem o sonhador também – perseverante, surda e insidiosamente. E, até já ser tarde demais, talvez nem saibamos o que está acontecendo.

Quase no fim da peça, em uma das cenas mais tristes da dramaturgia americana, vemos o poder tóxico dos sonhos errados. O cenário é a cozinha da família Loman, um aposento simples, mal mobiliado e miserável. Willy discute furiosamente com o filho Biff. Os dois parecem prestes a se atracarem. A mulher de Willy, Linda, observa assustada.

Willy e Biff já foram muito amigos, quando Biff ainda estava no colégio. Willy amava os filhos e vivia para eles. Era um caixeiro-viajante, na estrada todas as semanas, e as freqüentes separações intensificavam o relacionamento de Willy com seus filhos. Biff admirava profundamente o pai, e Willy esperava que Biff um dia se tornasse um "líder de homens".[2] Agora, uns quinze anos depois, Biff diz que está deixando a sua família para sempre. Ele fala: "Pai, você nunca vai ver o que eu sou, para que discutir? Se eu encontrar petróleo, mando-lhe um cheque. Enquanto isso, esquece que estou vivo."[3] Biff estende a mão para se despedir do pai antes de sair, mas Willy recusa.

Em muitas discussões sobre essa cena, a sala pode ficar muda – porque a maioria das pessoas já passou por experiências semelhantes. Algumas incluem os próprios pais ou filhos, o fim de casamentos e amizades de longa data, ou conflitos desagradáveis entre sócios nos negócios ou antigos colegas de trabalho. Talvez nada seja para sempre, mas ainda olhamos para trás e nos perguntamos por que alguns relacionamentos começam tão cheios de promessas e terminam tão mal.

O que provocou o terrível distanciamento entre Willy e Biff? Ao longo de toda a peça, Arthur Miller aponta para uma resposta: Os sonhos de Willy para a sua carreira e a sua família. Essa perturbadora conclusão levanta questões duras para homens e mulheres em posições de liderança: O que estava errado no sonho de Willy? Os meus sonhos também são assim? Estou correndo o mesmo perigo? Como julgo a dimensão de minhas aspirações para a vida e o trabalho?

A VIDA DE UM CAIXEIRO-VIAJANTE

Quando conhecemos Willy no início da peça, ele está esgotado, triste e confuso. Sua mente oscila rápido entre o passado e o presente, e ambos lhe parecem reais. Ficamos sabendo que o pai foi um fabricante de flautas itinerante que morreu quando Willy era jovem. Ele não diz nada sobre a mãe, e tem um nebuloso irmão mais velho, chamado Ben, que pelo visto ganhou muito dinheiro com o comércio de diamantes africanos.

Willy vive em duas esferas. Uma é a família que ele vê nos finais de semana, quando volta das suas viagens de vendas à Nova Inglaterra. Em *flashbacks*, vemos como a família sente falta dele. O outro mundo de Willy é o trabalho, que é solitário e frustrante, porque Willy é um pobre caixeiro-viajante e uma pessoa pouco atraente. Enquanto os dois filhos cresciam, esses mundos estavam separados, portanto Willy podia fingir ser para eles um vendedor estelar, que conhecia o prefeito de todas as cidades que visitava. A mulher, Linda, sabia da verdade, é claro, porque ela pagava as contas, e o que Willy ganhava mal dava para as despesas.

Duas coisas sustentam Willy na estafante vida de homem que está sempre na estrada. Uma é o trabalho duro. Willy sabe que outros caixeiros amealham comissões mais altas com menos esforço e que alguns dos seus clientes riem pelas suas costas, mas ele persevera, ano após ano. O outro consolo são os seus sonhos. Ele espera que um dia surja uma oportunidade e aí ele se tornará "importante". Quando essa esperança se desvanece, Willy coloca todas as suas fichas emocionais em Biff.

No fim, os dois mundos de Willy colidem. Biff tinha sido um astro como zagueiro na escola e ganhou uma bolsa para estudar numa faculdade, mas colocou tudo em risco quando não passou nas aulas de matemática. Como Biff acreditava que o pai era capaz de fazer milagres, viajou até Boston, onde Willy estava trabalhando, e foi ao seu quarto no hotel – sem avisar. Biff bateu à porta, mas Willy não abriu. Então, momentos depois, Biff descobriu que seu venerado pai tinha uma amante. Willy primeiro mentiu e depois disse honestamente: "Ela não significa nada para mim, Biff. Mas eu estava só, terrivelmente só."[4] Biff chamou o pai de mentiroso e um "impostorzinho dissimulado", e foi embora. E não voltou para casa durante um mês, recusando-se a fazer um curso de verão para estudar matemática, e não foi para a faculdade. Biff passou os dez anos seguintes sem destino, trabalhando em ranchos e fazendas, o que ele adorava. De tempos em tempos, aparecia em casa, mas logo começava a brigar com Willy e ia embora batendo as portas. Biff odeia Willy por trair sua mãe e por esperar demais dele. Willy oscila entre dizer a Biff que ele é preguiçoso e desprezível, e esperar que, com a oportunidade certa, ele ainda possa ser um sucesso.

Quando a peça termina, Willy foi despedido e sofreu vários acidentes de carro, a sua mente entra em colapso e ele tem escondido um tubinho de borracha perto do forno no porão, caso resolva se suicidar – que é o que acaba fazendo. Willy bate com o carro e morre, esperando que o dinheiro do seguro possibilite a seu filho Biff realizar os sonhos do próprio Willy por ele.

Willy Loman e todo mundo

À primeira vista, é fácil sentir pena de Willy e difícil gostar dele. Ele é fútil, mesquinho e orgulhoso. Em alguns *flashbacks*, nós o vemos ensinando aos filhos valores medíocres. Uma reação natural é vê-lo como alguém moral e psicologicamente fora de esquadro, tão diferente do resto de nós que não aprendemos nada com ele. Mas públicos e leitores não vêem Willy assim. *Morte de um caixeiro-viajante* é uma das peças mais populares do século passado, e continua a emocionar profundamente o público. Quando foi revivida na Broadway, em 1999, na comemoração do seu qüinquagésimo aniversário, Brian Dennehy, no papel de Willy, disse: "Vejo nova-iorquinos sofisticadíssimos, muito bem-sucedidos, sem absolutamente nenhuma dúvida quanto a quem eles são, aonde chegaram e se vivem bem ou não. Eu os vejo debulhados em lágrimas, os ombros trêmulos, prontos para simplesmente voltarem para casa."[5]

Se procurarmos nos fracassos evidentes de Willy, o que encontramos? A resposta curta é: alguém como nós mesmos ou como pessoas que conhecemos. A sabedoria convencional sobre *Morte de um caixeiro-viajante* é que Willy adotou uma versão corrompida do sonho americano que define sucesso como dinheiro, status e celebridade. A peça foi escrita no final da década de 1940, e os críticos do capitalismo a vêem como uma brilhante acusação da moderna economia americana: um escritor a chamou de "uma bomba-relógio colocada magistralmente sob o edifício do americanismo".[6]

Mas essa visão trata Willy como um ícone anticapitalista e não como um ser humano. De fato, Miller pensou em chamar a peça de *O interior da sua cabeça*, para enfatizar a vida emocional e psicológica de Willy, e o autor não achava que Willy fosse muito diferente da maioria de nós.[7] Ele mais tarde escreveu que Willy Loman estava tentando satisfazer "uma necessidade maior do que a fome, sexo ou sede, uma necessidade de deixar a impressão digital do seu polegar no mundo... sabendo que o próprio nome foi gravado cuidadosamente num bloco de gelo num dia quente de verão".[8]

Willy trabalha no interior de uma grande empresa que não se importa muito com ele. Ele quer desesperadamente ser um bom pai. Em vários pontos, nós o vemos dando conselhos profundos e realistas aos filhos, e os desastrados ideais de sucesso que ele tenta passar para eles são os da sociedade ao seu redor. Mais importante, enquanto os filhos crescem, Willy dá um ótimo exemplo pessoal de trabalho duro e dedicação ao seu emprego, e proporciona à sua família um sólido padrão de vida de classe média, uma autêntica vitória durante a Grande Depressão. Até os fracassos de Willy têm atenuantes. Ele se sente culpado pela sua aventura amorosa e pelo que ela fez a Biff. Isso não o exime da culpa, mas o remorso por uma atitude errada é um sinal de bom caráter. A vida de Willy na estrada é dura e solitária, portanto podemos compreender por que ele exagera as suas habilidades. O vizinho e amigo de Willy, Charley, é um homem de negócios que compreende o que Willy está passando. À beira do túmulo do amigo, Charley diz a Biff:

> Ninguém se atreva a acusar este homem. Você não compreende: Willy era um caixeiro-viajante. E para um caixeiro-viajante, a vida não tem alicerces. Ele não aperta um parafuso, ele não lhe ensina leis ou lhe dá remédios. Ele é um homem que desaparece ao longe montado num sorriso e num sapato lustroso. E quando eles começam a não sorrir de volta – isso é um terremoto. E aí você arruma para si mesmo umas duas manchas no chapéu, e está acabado. Ninguém se atreva a acusar este homem. Um caixeiro-viajante tem de sonhar, rapaz. Vem com o território.[9]

Também é difícil adotar uma atitude crítica com relação às aspirações de Willy para a sua carreira. Quando jovem, Willy conheceu Dave Singleman, um caixeiro-viajante de 84 anos de idade. Singleman já não viajava, mas trabalhava num lindo quarto de hotel, onde ficava sentado com chinelos de veludo verde e contactava os clientes por telefone. Quando Singleman morreu, centenas de vendedores e clientes assistiram ao funeral, que Willy chama de "a morte de um caixeiro-viajante". Willy mais tarde diz que não tem nada melhor do que "ser lembrado, amado e ajudado por tantas pessoas diferentes".[10] Em outras palavras, o Willy Loman que virou vendedor não era ávido por dinheiro ou obcecado com o sucesso.

QUESTÕES DE CARÁTER

Então, o que deu errado? O que arruinou as esperanças de Willy para ele mesmo e para a sua família? Arthur Miller escreveu uma peça, não um tratado de moral ou um livro de auto-aperfeiçoamento, por isso ele não nos dá regras para distinguir os bons dos maus sonhos. Por conseguinte, a melhor maneira de aprender com a tragédia de Willy Loman é pensar bem nas questões que ela levanta. Para os líderes, quatro delas são muito importantes.

Estou sonhando com meus olhos bem abertos?

Essa primeira pergunta parece estranha. Ela se origina do arqueólogo, aventureiro e estrategista militar britânico T. E. Lawrence – mais conhecido como "Lawrence da Arábia" por seu ousado papel ajudando os árabes a combater os turcos durante a Primeira Guerra Mundial. Nas suas memórias, Lawrence escreve: "Todos os homens sonham; mas não igualmente. Aqueles que sonham de noite nos poeirentos recessos de suas mentes acordam de dia para ver que é tudo vaidade: mas os que sonham de dia são homens perigosos, pois podem representar seu sonho de olhos abertos, para torná-lo possível."[11]

À primeira vista, parece errado criticar alguns sonhos por serem irreais ou simples "vaidade". Os sonhos não devem ser irreais? Os grandes feitos inspiradores da história pareceram todos impossíveis em algum momento. Um David realista teria corrido de Golias. Os revolucionários americanos, e seus correspondentes africanos e asiáticos dois séculos depois, jamais teriam desafiado o Império Britânico. Um punhado de líderes dos direitos civis americanos na década de 1950 jamais teria combatido o legado de duzentos anos de escravatura e mais um século de quase *apartheid*. O realismo conduz muito facilmente para a paciência, o atraso, ou até a passividade e derrota. Certamente, nossos limites devem exceder a nossa compreensão.

Por outro lado, durante a bolha da Internet, bilhões de dólares foram desperdiçados em sonhos de negócios nada realistas. Alguns eram esquemas fraudulentos, porém a maioria eram conceitos inteligentes, mas profundamente irreais, defendidos por homens e mulheres honestos. Com muita freqüência, sonhos e visão foram confundidos com o verdadeiro empreendedorismo, que um importante estudioso definiu, em termos pragmáticos e nada românticos, como "a busca de oportunidades além dos recursos sobre os quais você tem controle".[12] A história de Willy Loman, como muitas outras obras de ficção séria, mostra os perigos dos sonhos facilmente evocados à noite. Essas histórias também mostram que é o realismo – sobre o mundo e sobre si mesmo – que separa sonhos de ilusões.

Em muitos aspectos, Linda é a verdadeira líder da família Loman. Ela compreende e até compartilha as esperanças e anseios de Willy, mas ela sonha com os olhos bem abertos. Numa ocasião, por exemplo, Willy se lembra de uma cena que provavelmente ocorreu em inúmeras tardes de sexta-feira. Ele acabou de voltar de uma semana na estrada e conta a Linda que vendeu 1.200 grosas em Boston e Providence. Linda pega lápis e papel, calcula as suas comissões e diz: "Duzentos, meu Deus! Duzentos e doze dólares!"[13] Willy então começa a recuar, dizendo que ele realmente não somou as suas vendas totais, que ele "quebraria os recordes", se algumas lojas não tivessem fechado para balanço. Linda por fim calculou que as comissões eram mais ou menos uns setenta dólares e diz a Willy que isso era "muito bom".[14]

Linda, a realista, agia com tato. Ela não queria desmoralizar Willy ao fim de uma longa, dura e frustrante semana; ela sabia que ele precisava de confiança em si mesmo quando colocasse de novo o pé na estrada na segunda-feira de manhã, e compreendia e compartilhava do seu sonho de sucesso. Mas Linda não ia fazer o jogo de "eu quebraria os recordes". Ela colocou os números na frente de Willy e explicou, em termos simples e factuais, que eles estavam devendo o conserto do carro, o remendo do telhado, as prestações do aspirador de pó e outras coisas mais. Quando Willy reagiu reclamando dos fabricantes que o enganaram com produtos defeituosos, Linda simplesmente voltou aos fatos. Finalmente, eles concluíram, como é provável que fizessem em tantas tardes de sexta-feira, que estavam mesmo apertados de dinheiro.

Durante toda a peça, Linda enfrenta a mesma luta: ajudar Willy a aceitar quem ele é realmente, sem perder a autoconfiança e segurança de que precisa. Em vez de fazer como Willy – espiar a realidade, depois virar o rosto –, ela lhe diz: "Mas você está indo muito bem, querido. Está ganhando de setenta a cem dólares por semana."[15] Linda é solidária, incentivadora e prática.

Apesar dos persistentes esforços de Linda, Willy usa sempre uma versão inventada do seu passado ou futuro como um antídoto rápido para a realidade.

Como flutuam muito acima das realidades da vida, da família e do trabalho, essas fantasias têm uma perfeição que as torna muitíssimo mais atraentes do que as confusas e frustrantes realidades. Isso dá aos sonhos fantásticos, mas irreais, um enorme poder de resistência. O aspecto mais assustador da situação de Willy é que ele às vezes vê as coisas como elas são, mas usa os seus sonhos para bloquear esses vislumbres de realidade.

Todos ao redor de Willy conheciam a história: ele não era um indivíduo impressionante, não era bem apreciado, e seu modesto sucesso como caixeiro-viajante era o resultado de persistente esforço, não de talento e charme. Willy jamais iria ser "importante". E devia saber disso, porque a evidência estava bem na sua frente: o tamanho dos seus contracheques, as longas horas que teve de trabalhar, a luta da família para fazer o dinheiro chegar até o fim do mês, e o fato de ter passado anos como caixeiro-viajante sem nunca ter subido na sua empresa. Willy não era um superastro e não tinha as qualidades para isso, o que o fazia agarrar-se ainda mais aos seus sonhos.

O que distingue um sonho realista de uma fantasia ilusória e potencialmente destrutiva? A experiência de Willy sugere duas respostas. Uma é que sonhos defeituosos precisam ser inflados com freqüência e vigor. A família Loman tinha um quase ritual, liderado por Willy, no qual todos juntam forças para "encorajá-lo". Independentemente da realidade.[16] Na véspera do dia em que Willy se suicida, todos sabem que a situação está muito ruim. Willy trabalha por comissão, não ganha nada, e vive com o dinheiro que Charley lhe empresta. Biff está sem trabalho fixo há anos, cumpriu sentença na cadeia por roubo e está furioso com o pai. Todos sabem da mangueira de borracha no porão. Então como a família passa a noite? Conversando febrilmente sobre a idéia absurda de que Biff e o irmão formarão equipes de pólo aquático e viajarão pelo país promovendo uma linha Loman de artigos esportivos. A realidade é que eles não têm nenhuma equipe, nenhum financiamento, nenhuma fama e nenhum artigo esportivo, mas Willy declara que é uma "idéia de um milhão de dólares" e diz: "Vocês dois juntos poderiam dar um banho em todo o mundo civilizado."[17] A realidade que essa família tem pela frente é sinistra, portanto uma breve excursão a um castelo nas nuvens é desculpável, mas muito da vida da família Loman envolve os sonhos inflados de Willy.

O outro sinal de sonhos irreais é a fragilidade. Às vezes, Willy recorre a táticas severas para proteger a sua grandiosa visão de si mesmo e do futuro de seus filhos. Por exemplo, Linda tenta várias vezes falar alguma coisa sobre a linha Irmãos Loman de artigos esportivos. Willy, temendo que ela injete uma dose de bom senso, repetidamente e com grosseria a interrompe. Linda nem consegue terminar uma frase. Essa cena na peça é feia e profundamente desanimadora: conforme o castelo de cartas de Willy vai crescendo, ele precisa protegê-lo a qualquer custo.

Como Linda, o irmão de Willy, Ben, tem uma visão pragmática do que seja um sonho bom: tem uma coisa "que se pode sentir com a mão".[18] Ben está se referindo a objetos tangíveis tais como dinheiro vivo e diamantes, mas segue a mesma técnica de Linda, quando ela ouviu Willy dizer que havia vendido 1.200 grosas e em seguida calculou quanto ele tinha ganhado. Tanto Linda quanto Ben podem sonhar, mas não se iludem com a realidade que os cerca. Em contraste, os sonhos de Willy são diáfanos – frágeis e fantasiosos.

Os melhores líderes testaram e reforçaram seus sonhos na bigorna dos fatos reais e da experiência verdadeira. Quando Clara Barton, fundadora da Cruz Vermelha, soube que os soldados na Guerra Civil estavam morrendo por falta de suprimentos, organizou um esforço de ajuda. E foi mais adiante, levando os suprimentos até os campos de batalha, onde tratou de soldados com cabeças rachadas, membros esmagados e carnes dilaceradas. Certa vez, uma bala passou rasgando o seu vestido e foi matar o homem de quem ela tratava. Barton foi chamada de "o anjo dos campos de batalha" por seus altos ideais e porque mergulhou, diversas vezes, na carnificina infernal dos combates.[19] A imagem que Clara Barton tinha do que era uma vida boa podia enfrentar o escrutínio da luz do dia. Os sonhos de Willy são um refúgio da realidade da sua vida e do seu trabalho, não um reflexo disso, e portanto um sério perigo para ele mesmo e para as pessoas que o cercam.

Que sonhos você abandonaria?

A crítica que se costuma fazer a Willy é a de que ele teve o sonho errado. Biff diz isso diante do túmulo do pai e alguns críticos acreditam que Willy perseguiu uma versão tóxica do sonho americano. Mas isso é muito simples. Willy teve vários sonhos – demais, na verdade –, e não apenas um ruim. Ele não era capaz de fazer as escolhas difíceis que os bons sonhos exigem.

Willy quer ser um excelente caixeiro-viajante. Ele quer o amor e o respeito de todos à sua volta e da sua família. Anseia por ser um aventureiro, como o pai e o irmão. E inveja a riqueza do irmão. Willy sonha que seus filhos serão sofisticados, ricos e importantes. Ele quer abrir o seu próprio negócio – sair da estrada e deixar alguma coisa para a mulher e os filhos. Ama construir coisas com as mãos. Willy sonha com um mundo de negócios onde os relacionamentos pessoais sejam centrais, e não os preços e acordos. E anseia por uma vida simples, onde pudesse voltar a se divertir com Biff, que "costumava ser tão cheia de luz, de camaradagem, os passeios de trenó no inverno e os corados nas bochechas".[20]

Willy é uma versão humana do Pushmi-pullyu, uma criatura imaginária que parece um lhama e tem cabeças apontando para direções opostas.[21] Isso é muito perigoso para Willy e, em última análise, para a sua família. A incessante competição entre os seus muitos sonhos o deixa sem foco e confuso. Um aspecto desanimador da sua história é viver quase toda a sua vida com tão pouca clareza sobre o que ele realmente deseja. Como nunca entende o que de fato quer, Willy fica vulnerável às pressões externas e aos impulsos internos.

Willy vive num mundo duro, confuso e às vezes cruel – ele é um caixeiro-viajante fraco e o único a sustentar a casa durante os anos sombrios da Depressão, e Biff está certo quando diz ao pai que gente como eles dois existe a dar com o pé. Neste mundo intensamente competitivo, a misturada de sonhos e aspirações de Willy o deixa bastante vulnerável. Quando o chefe o despede, Willy grita e diz: "Dediquei 34 anos da minha vida a esta firma, Howard, e agora não posso pagar o meu seguro! Você não pode chupar a laranja e jogar o bagaço fora – um homem não é um pedaço de fruta!"[22] Mas Howard faz exatamente isto, e Willy está totalmente despreparado porque tem a ilusão de que é "vital" para a sua empresa na Nova Inglaterra.

As maiores vulnerabilidades criadas pelos sonhos de Willy são emocionais e psicológicas. A terrível briga com Biff termina abruptamente quando o rapaz começa a chorar, logo depois de dizer ao pai para queimar seus sonhos pretensiosos. Willy diz:

"Isso é – isso é fantástico. Biff – ele gosta de mim!" Linda lhe diz: "Ele o ama, Willy."[23] Aqui, depois de longos anos de silêncio e dor, está uma chance para pai e filho recuperarem o amor que um dia tiveram um pelo outro. Mas outro sonho de Willy estraga esse momento. Willy diz: "Esse menino – esse menino vai ser magnífico", e imediatamente começa a imaginar o que Biff vai fazer com vinte mil dólares no bolso – em outras palavras, com o dinheiro do seguro depois do suicídio de Willy.[24]

A mente e o coração de Willy são uma miscelânea de sonhos e esperanças competindo. Uns conflitam com outros: o seu anseio pelo amor de Biff contrasta com a sua fervorosa esperança de que Biff fique rico e importante. Alguns sonhos cegam Willy e o impedem de ver quem ele é realmente e tudo o que realizou nos longos e difíceis anos da Grande Depressão. A sua família tem um carro e ainda faltam muitos meses para acabar de pagar a hipoteca. Linda o ama profundamente, e está fazendo o que pode para cuidar do marido enquanto a vida dele desmorona. E ela ama Willy pelo que ele é: ela divide com ele os seus "anseios turbulentos"[25] e sabe muito bem que "ele não tem o melhor caráter do mundo".[26]

A experiência de Willy sugere que sonhar demais pode ser tão destrutivo quanto um estilo de vida árido e derrotista. O lote de esperanças e aspirações não investigadas o confundia, enganava e subvertia, e as conseqüências destrutivas disseminavam-se por metástase por toda a família. Um dos sonhos que Willy perseguia tenazmente – a sua triste esperança de fama, riqueza e status – deu-lhe pouca felicidade real e causou um estrago na sua família. Em geral, nós vemos a liderança como algo que acontece na vida pública, tipicamente nas empresas ou no governo. Mas as famílias são os blocos de construção da sociedade, e a liderança dos pais é tão vital e desafiante quanto a liderança em outros lugares. Por conseguinte, quando os pais fracassam nessa responsabilidade, como aconteceu com Willy, os resultados podem ser graves.

Quando Biff, de pé diante do túmulo do pai, diz que não sabia quem ele era, está nos lembrando de que Willy nunca foi claro quanto ao que de fato queria. Sonhos resistem ao pragmatismo, como devem, e pouca gente senta-se para colocar em ordem as suas pretensões na vida. Mas a experiência de Willy sugere que um teste importante para se avaliar se um sonho é bom pode ser a disposição de sacrificar por ele os outros sonhos. Willy não foi capaz disso. No entanto, até os grandes líderes, com todos os seus extraordinários talentos, tiveram de fazer grandes sacrifícios para conquistar o que era mais valioso para eles. O compromisso com um sonho de vida ou de trabalho em geral tem custos reais – e, como Linda Loman expressa, "é preciso prestar atenção".

Estes são realmente os meus sonhos?

Talvez o aspecto mais triste dos sonhos de Willy seja o de que muitos deles não são dele. São sonhos tipo mercadoria, apanhados na prateleira da cultura de massa. E, ainda mais desanimador, as pessoas próximas de Willy compreendem isso e tentam alertá-lo, mas ele não escuta. Por exemplo, Willy sonha em ser um vendedor famoso e pensa que vender seja apenas uma questão de relacionamentos – o sucesso, ele acredita, depende de que gostem de você ou, ainda melhor, que gostem muito –, mas Willy não é muito bom em relacionamentos, e os seus verdadeiros talentos são outros.

No início da peça, Charley cumprimenta Willy pelo teto da sala de jantar que ele construiu. Charley diz que esse tipo de trabalho é um mistério para ele e quer saber como Willy fez. As pessoas em geral gostam de ouvir palavras gentis e respondem, mas não Willy. Ele pergunta a Charley se pretende construir ele mesmo um teto e, quando Charley diz que não, pede-lhe que pare de aborrecê-lo com esse assunto. Em seguida, diz que um homem que não sabe usar ferramentas não é realmente um homem.²⁷ No túmulo de Willy, Charley diz que Willy "era um homem feliz com um balde de cimento", e Linda acrescenta que ele era maravilhoso com as mãos.²⁸ Biff diz que havia mais de Willy na varanda da frente que ele construiu do que em todas as vendas que ele jamais fez. Todos parecem saber que Willy na verdade gostava de trabalhar com as mãos e era muito bom nisso. A vida de Willy teria sido melhor se ele trabalhasse como carpinteiro? Só podemos especular a esse respeito, mas o comentário de Charley – de que Willy era um homem feliz com um balde de cimento – é bastante revelador. Isso nos lembra que nunca vemos Willy genuinamente feliz. O mais perto que chega disso são os seus espasmos de ilusória excitação a respeito de Biff. Como saber a diferença entre um sonho que se origina naturalmente das necessidades e experiências de uma pessoa e outro que é cruamente encaixado na sua vida? As experiências de Willy sugerem três modos práticos de pensar sobre essa questão.

O GOSTO PELO TRABALHO PESADO. O comentário de Charley diante do túmulo de Willy sugere um jeito de encontrar um sonho bom. Trabalhar com cimento não é a idéia de diversão da maioria das pessoas – é penoso, faz sujeira e exige muito esforço. Mas Willy gostava, e não porque era um jeito barato de ter uma varanda nova. Ele gostava do trabalho.

O ensaísta britânico, Logan Pearsall Smith, escreveu: "O teste de uma vocação é o gosto pelo trabalho pesado que ela implica."²⁹ Infelizmente, Willy jamais aplica essa sabedoria pouco ortodoxa a sua vida. Pelo contrário, ele presta atenção demais ao que sonha ter e muito pouco à sua experiência vivida tentando conseguir isso. Esse é outro modo como os sonhos de Willy flutuam lá em cima nas nuvens, mal amarrados à realidade. Ele quer a riqueza de Ben, sua sabedoria do mundo e sua inflexível autoconfiança, o respeito e companheirismo que Dave Singleman conquistou; a liberdade e a garra do seu pai; e o próspero pequeno negócio de Charley. Willy escolheu uma carreira de vendedor, mas não é particularmente bom nisso e não há evidências de que goste de vender.

As biografias de muitas pessoas de sucesso mostram uma vida inteira de prazer com atividades que os outros acham difíceis ou entediantes. Rupert Murdoch, o empresário e negociante australiano-americano, controla um império da mídia global de redes por satélite, transmissões por cabo e estúdios de Hollywood, mas o seu amor eterno é a sala de imprensa do jornal. Murdoch, por exemplo, permaneceu dedicado ao deficitário *New York Post*. Um biógrafo escreveu: "Murdoch era quase apaixonado pelo *Post*... Um grande escritório no jornal, e o rugir, o cheiro e a fuligem das prensas e o seu poder na comunidade o alegraram toda a sua vida... Como Alexander Cockburn disse no *Wall Street Journal*, para Murdoch vender o *New York Post* 'seria como Drácula vender o seu caixão'."[30]

Willy, ao contrário, está obcecado com o destino e não sente muito prazer na jornada. Por exemplo, ele jamais menciona o que vende, como se isso realmente não importasse. Outro sintoma desse problema — para Willy e muitos fracassos na vida real — é a preocupação com os atalhos. O atalho preferido de Willy — a alternativa para paciência, treinamento e trabalho duro — é ser querido. Enquanto Biff curtia as glórias dos seus triunfos no time de futebol da escola, Willy achava que o futuro do filho estava garantido. Num determinado momento, Charley, outro realista, pergunta bruscamente: "Por que todo mundo tem de gostar de você? Quem gostava de J. P. Morgan? Ele era impressionante? Num banho turco ele parecia um açougueiro. Mas quando estava com seus amigos era muito querido."[31] O comentário de Charley deveria ter sido um golpe devastador na fé de Willy nas soluções rápidas e fáceis, mas ele nem percebe. Se Willy realmente gostasse do seu emprego, ou pelo menos parte dele, do mesmo modo como gostava de trabalhar com as mãos, os atalhos não teriam sido a sua religião particular.

MORTO OU VIVO? A tragédia de Willy sugere uma segunda maneira de distinguir o que é sonho saudável e o que é nocivo. Sonhos nocivos, como os de Willy, são estáticos e inertes. Quando Willy era jovem, sonhava em ser rico e em transmitir a prosperidade aos filhos. Velho, alquebrado e sem trabalho, tem o mesmo sonho. Quando Willy era jovem e os filhos eram pequenos, sonhava que eles seriam pessoas ilustres um dia. Duas décadas mais tarde, depois de Biff ter passado anos sem parar num emprego, Willy quer acreditar que o filho está prestes a ficar importante. Willy diz: "Certos homens só começam mais tarde na vida. Como Thomas Edison, eu acho. Ou B. F. Goodrich."[32] Devia haver um brilho no olhar de Willy quando ele saiu de casa para bater com o carro e morrer, por causa do dinheiro do seguro que achou que Biff receberia.

Sonhos saudáveis são diferentes. Conforme os indivíduos, avançam na vida, crescem, evoluem e se remodelam. E às vezes, quando os sonhos não geram mais vida e vitalidade, eles somem. Todos ao redor de Willy compreendem isso. Linda lhe diz: "A vida é desprendimento."[33] Charley diz a Willy para esquecer Biff, com aspereza: "Se a garrafa quebra, você não recebe o depósito de volta."[34] E Biff, como vimos, diz a Willy para queimar seus sonhos falsos.

Mas Willy não aceita o conselho. Seus sonhos estão forjados no ferro. Jamais evoluem e, portanto, limitam e distorcem a sua vida. Willy não consegue ver que Biff cresceu, que não pode mais influenciar ou moldar o filho, que os seus esforços para isso só vão fazer Biff se distanciar ainda mais, que a sua própria carreira e vida estão chegando ao fim e que existem algumas coisas que ele jamais conseguirá ter.

OUVIR DE VERDADE. Até pouco tempo, o inconsciente era visto, em termos freudianos, como um caldeirão de instintos primitivos. Agora, a neurociência cognitiva o compara a um sistema operacional de computador. Em outras palavras, uma boa parte da nossa mente opera em silêncio, enérgica e inacessivelmente. Forças inconscientes estruturam e movem muito daquilo que percebemos, sentimos, pensamos e fazemos. Somos com freqüência, como diz o título de um estudo recente, estranhos para nós mesmos – assim como Willy é.[35] Vários estudos confirmam o que a triste vida de Willy sugere. Nós não nos conhecemos tão bem quanto pensamos, e os outros muitas vezes nos conhecem melhor. Se Willy tivesse sido capaz de escutar o que as pessoas ao seu redor diziam, principalmente Linda, talvez tivesse construído seus sonhos sobre as bases sólidas daquilo que era realmente importante para ele.

Até os melhores líderes precisam da ajuda dos outros para se compreenderem. James Burke, o respeitadíssimo ex-diretor da Johnson & Johnson, certa vez contou um exemplo penoso, mas útil. Burke tinha acabado de ganhar um cargo importante na empresa, muito jovem ainda, quando o seu novo chefe lhe disse:

> Você é solteiro e está se divertindo muito em Nova York. Vou aceitar que seja brilhante. Vou aceitar que possa fazer muito pela empresa. Vou até aceitar que talvez Bobby Johnson esteja certo a seu respeito, que você possa um dia dirigir esta empresa. Mas não vejo isso em você. E não vejo nenhum indício de que esteja disposto a pagar o preço que isso vai lhe exigir. Mas, se você quiser, vamos por etapas. Você fica neste emprego um ano, e esta porta está aberta, sempre que precisar de mim estarei disponível.[36]

Burke mais tarde disse: "Ele realmente me disse isso, e estava certo." Um sinal claro da capacidade de Burke de crescer como um líder é que ele soube ouvir esse comentário e reagir, mesmo que o magoasse. Em contraste, quando Willy ouve preocupações semelhantes de Linda, revida com raiva e volta a sonhar.

Meu sonho ou nosso sonho?

Os sonhos de Willy emperram a sua vida e a da sua família por outra razão, que se entende melhor com outra história clássica.

De ratos e homens é o famoso retrato de uma extraordinária amizade entre dois homens traçado por John Steinbeck. Um deles, Lennie, é enorme, fortíssimo, infantil e mentalmente atrasado. O outro, George, é baixinho, magro, esperto e generoso. George vem cuidando de Lennie há vários anos. A história deles termina de forma trágica: Lennie mata uma mulher – ele quer tocar nos cabelos dela, ela resiste, e ele acidentalmente quebra o pescoço dela –, e George em seguida mata Lennie, momentos antes que a turma do linchamento o pegue.

A história de George e Lennie tem várias semelhanças com a de Willy. Como Biff, os dois homens não param no emprego. A Grande Depressão avulta como pano de fundo das duas histórias. Ambas falam de sonhos poderosos e cativantes, e ambas terminam com morte. Mas o sonho de George e Lennie é diferente do de Willy. Suas mentes não estão confusas como a dele: eles sabem o que querem. Seu sonho é modesto, e nunca têm fantasias grandiosas. Tudo que desejam é acabar com aquela vida sem destino certo e se sustentar, e Lennie quer coelhos para brincar. George expressa as suas esperanças assim: "Suponha que um desfile de carnaval ou um circo viesse para a cidade, ou um jogo de futebol, ou qualquer droga dessas coisas... Nós simplesmente íamos... Não pedíamos licença para ninguém. Só dizíamos: 'Vamos', e a gente ia. É só ordenhar a vaca e dar milho para as galinhas, e ir."[37]

O mais importante, George e Lennie dividem o seu sonho. Como vimos, os sonhos de Willy tiranizam Linda e afastam Biff. Em contraste, George e Lennie aproximam-se mais por causa do seu sonho. Esta é a bela e lírica descrição que George faz do significado desse sonho na vida deles:

> Caras como a gente, que trabalham nas fazendas, são os sujeitos mais solitários do mundo. Eles não têm família. Não pertencem a lugar nenhum... Com a gente não é assim. Nós temos um futuro. Temos alguém para falar que se importa com a gente. Não temos

de ficar sentados num bar jogando dinheiro fora só porque não sabemos mais para onde ir. Se os outros caras vão para a cadeia, apodreçam lá, porque ninguém dá a mínima. Mas a gente não.³⁸ E aí Lennie diz: "Mas a gente não! E por quê?... porque eu tenho você pra cuidar de mim, e você tem a mim para cuidar de você, é por isso."³⁹

O sonho que George e Lennie compartilham é uma imagem inspiradora, e o contraste com Willy é dramático. Ele é verdadeiramente "um homem que desaparece no horizonte".⁴⁰ Existe, é claro, um fascínio romântico nos sonhadores e aventureiros solitários. Às vezes, eles vêem e fazem coisas que ninguém mais vê nem faz. Mas os sonhos de Willy o isolam. Para a maioria das pessoas, que trabalham em empresas e vivem em comunidades e famílias, as aspirações solitárias dele são um sério alerta.

SONHOS PRAGMÁTICOS

Um antigo ditado irlandês diz: "Nos sonhos começam as responsabilidades." A tragédia de Willy mostra com clareza que sonhos bons para o trabalho e para a vida não são vagos devaneios ou lindas nuvens brancas num delicado céu azul. Sonhos têm conseqüências reais e difusas, particularmente os sonhos de homens e mulheres com poder sobre os outros.

Willy, claro, não é líder de uma organização. Como pai, entretanto, é líder de uma família, com enorme poder sobre a vida de seus filhos. Seus sonhos mudaram drasticamente a vida deles, como podem mudar os sonhos e paixões intensas de homens e mulheres que lideram organizações hoje em dia. A história de Willy sugere que, de tempos em tempos, os líderes precisam examinar com cuidado, até com um olhar crítico, as suas mais profundas esperanças e aspirações. A difícil questão para eles é saber se seus sonhos são saudáveis ou não – para si mesmos e para aqueles que dependem da sua liderança e critério.

Nessas reflexões, a voz de Linda Loman precisa falar mais alto do que a de Willy. Sonhos bons têm raízes profundas no caráter e no dia-a-dia de uma pessoa, não nas imagens e seduções da sociedade à sua volta. Eles sobrevivem ao teste do escrutínio à luz do dia de que falava T. E. Lawrence. O gosto pelo trabalho pesado pode ser um teste melhor para um sonho saudável do que o entusiasmo ou a inspiração. Bons sonhos se refazem com o passar do tempo, e aprofundam e reforçam os relacionamentos com outras pessoas.

No fim, entretanto, um sonho bom é apenas o início. Líderes fazem uma diferença no mundo refletindo os seus sonhos numa série infindável de pequenos e grandes esforços – durante horas, semanas e anos. Esses esforços, vistos pela perspectiva da literatura, são basicamente versões da antiga história da jornada de um herói. Nesses contos, uma pessoa jovem, tipicamente um rapaz, sai em busca de sonhos e esperanças. A viagem é longa e árdua, com muitos desafios, tentações e provas pelo caminho. O que finalmente determina o sucesso ou o fracasso é a mão do destino, a força do compromisso do jovem com o seu sonho e o seu código moral.

Este último fator é muitas vezes crucial, e levanta questões importantes para se compreender o que é liderança e o que é caráter. O que é um bom código moral para um líder? Como líderes e aspirantes a líder podem avaliar a qualidade de seus próprios códigos morais? E o que a literatura séria nos diz sobre essas questões?

CAPÍTULO 2

O meu código moral é flexível?

A MAIORIA DAS PESSOAS acha que líderes bem-sucedidos possuem códigos morais saudáveis. Mas o que é um bom código moral para um líder? Definições não nos ajudam muito nessa questão. Um código moral é basicamente um conjunto de valores e princípios que guiam o comportamento. Mas isso não nos diz o que significa um bom código moral, e não fala nada sobre como um líder desenvolve um. Para responder a essas perguntas, vamos procurar um indivíduo surpreendente: um líder tribal africano chamado Okonkwo. O escritor nigeriano Chinua Achebe conta a sua história em *Things Fall Apart* (O mundo se despedaça), um livro que tem sido chamado de "o romance africano arquetípico!".[1]

Okonkwo é ao mesmo tempo estranho e familiar. Algumas das suas crenças parecem mágicas ou infantis. Ele tem um temperamento tipo pavio curto, punhos rápidos e dificuldade para ouvir o que as outras pessoas dizem. Mas não surpreende que Okonkwo se torne um líder. Na juventude, ele é um lutador poderoso e herói de guerra. Suas obras éticas teriam impressionado Benjamin Franklin, e isso o tira da pobreza e o torna rico o suficiente para sustentar três mulheres e oito filhos. Okonkwo é motivado, focalizado e talentoso – em outras palavras, ele é o correspondente psicológico e emocional das pessoas fortes e determinadas que dirigem a maioria das empresas hoje.

O código moral de Okonkwo é moldado pelas tradições de

práticas do seu povo na aldeia nigeriana de Umuofia. Ele vive como eles pensam que um líder deve viver – até que o seu mundo tradicional vira de cabeça para baixo. Colonizadores britânicos chegam a Umuofia trazendo o cristianismo, negociam com mercadorias que são novidade e têm uma disposição desumana para usar a violência a fim de conseguir o que desejam. Okonkwo compreende muito bem que o estilo de vida de Umuofia está correndo perigo e tenta estimular o seu clã para fazer oposição, mas ninguém o segue. Okonkwo então entra em desespero profundo e se suicida.

A tragédia Okonkwo levanta uma questão muito difícil e desconfortável: Devemos abandonar a idéia familiar de que os bons líderes possuem uma bússola moral – um guia interno forte, confiável, para o que é certo e o que é errado? É uma pergunta incômoda porque queremos líderes com clareza moral, que possam guiar e inspirar organizações, especialmente em épocas difíceis. Mas a bússola moral de Okonkwo é uma desvantagem quando Umuofia está lutando pela sua sobrevivência. Talvez a metáfora de uma bússola seja uma forma enganosa ou até arriscada de os líderes pensarem sobre os seus códigos morais.

A vida de Okonkwo também nos encoraja a pensar seriamente sobre como os líderes desenvolvem os seus códigos morais. Quando jovem, os valores e normas de conduta de Okonkwo permitiram que ele vencesse as adversidades, desse valiosas contribuições para a sua comunidade, e conquistasse a confiança e o respeito dos anciãos e do povo da aldeia. Mas o código moral desse promissor e jovem líder não cresceu e evoluiu com o passar dos anos, por isso Umuofia no fim rejeita a liderança de Okonkwo.

A abordagem de Okonkwo diante dos grandes desafios é simplesmente continuar no caminho que ele acha que é o certo. Com isso, parece forte e, às vezes, corajoso. Mas, no fim, Okonkwo não tem a energia e a coragem necessárias para enfrentar a realidade da situação em que se encontra e lidar com ela. A sua firmeza, determinação e clareza moral revelam-se sinais de fraqueza, não de força.

Infelizmente, Okonkwo tem figuras correspondentes nas empresas hoje em dia. Esses homens e mulheres parecem estar fazendo o que é certo e agindo com coragem e determinação. Mas a sua inspiradora aparência mascara problemas e com freqüência conduz ao fracasso. Por exemplo, um executivo de muito sucesso entrou recentemente para uma pequena empresa que vinha crescendo rápido, dirigida por um amigo. Sua missão era colocar em ordem o gerenciamento da empresa, porque seus líderes estavam preocupados com uma excitante e nova tecnologia. Depois de umas duas semanas de trabalho, o executivo encontrou evidências de que a companhia vinha registrando receitas de vendas que não tinham ocorrido na realidade. Ele mostrou ao amigo e à diretoria o que havia descoberto e pediu demissão. A companhia emitiu uma nota para a imprensa dizendo que o executivo havia renunciado porque as exigências do cargo eram maiores do que ele esperava, mas os mercados perceberam a artimanha, baixaram pela metade o preço das ações da empresa e desencadearam uma oferta de ações planejada. A empresa declarou falência.

Superficialmente, o executivo parecia ter tido uma atitude corajosa e correta. Ele se recusou a participar de uma mutreta e enfrentou o amigo e a diretoria. Mas, ao seguir a sua bússola moral, causou a destruição da empresa. O caminho mais difícil teria sido dar ao presidente e à diretoria uma opção. Eles poderiam aceitar a sua demissão, emitir a nota para a imprensa e deixar as ações caírem. Ou poderiam refazer as declarações financeiras da empresa, introduzir rígidos controles financeiros, reestruturar suas operações para conservar o seu dinheiro vivo e concentrar-se unicamente nos mercados mais promissores. Essa opção teria dado à empresa uma chance de lutar, mas o executivo, confiante de estar seguindo a sua consciência e fazendo a coisa certa, aparentemente nem pensou nisso.

Líderes precisam de códigos morais que sejam tão complexos, variados e sutis quanto as situações em que muitas vezes eles se encontram. Isso não significa abandonar valores básicos ou adotar o relativismo moral. Significa, ao longo de uma carreira, adotar um conjunto mais amplo de valores humanos e compreendê-los em níveis pessoais e emocionais. Isto permite aos líderes entender toda a complexidade das situações que enfrentam, vê-las como os outros vêem e comunicar-se com mais poder e eficiência. Okonkwo não entende isso: ele se engana acreditando que o simples código moral da sua juventude é o que basta para liderar o seu povo.

A bússola moral é útil para questões diretas sobre o que é certo e o que é errado. Na maioria das organizações, entretanto, as escolhas mais difíceis crescem, porque as que podem ser resolvidas com regras simples são delegadas aos outros. E muitas das questões mais difíceis, nas organizações e na vida, são conflitos entre várias responsabilidades concorrentes. Mas, quando o certo conflita com o certo, o ponteiro da proverbial bússola moral vai e vem, e não oferece muita orientação para os líderes.

Mas, apesar desses problemas, a idéia de uma bússola moral continua atraente. Queremos e precisamos de líderes cujos valores básicos sejam profundos, inatos e instintivos. Não queremos que percam a direção diante de incertezas ou pressões. Portanto é crítico que homens e mulheres em posições de responsabilidade reflitam, de tempos em tempos, sobre a solidez dos seus códigos morais.

A história de Okonkwo sugere aos líderes que para isso é útil que se indaguem a respeito de uma série de questões e reflitam honestamente sobre as suas respostas. Antes de passarmos para essas perguntas, entretanto, precisamos examinar com atenção os últimos dias de vida de Okonkwo.

UM LÍDER SEM SEGUIDORES

Um dos cenários mais tristes na vida empresarial é quando os liderados abandonam os líderes. A cena final pode ser breve e dramática – como quando uma junta de diretoria diz a um CEO que eles vêm se reunindo secretamente e estão mudando a liderança da empresa, ou quando um gerente de nível médio é substituído em cima da hora. Mas esses finais abruptos são em geral precedidos por longos períodos durante os quais os seguidores retiram o seu consentimento em serem liderados. O seu ex-líder em geral fica surpreso e às vezes destruído quando finalmente compreende o que está acontecendo.

Isso é o que ocorre com Okonkwo. Numa reunião tarde da noite, os anciãos da tribo tentam resolver como vão reagir ao mais recente esforço dos britânicos para humilhá-los e subjugar a sua aldeia. Em silêncio, os mensageiros dos colonizadores aproximam-se dos anciãos. Okonkwo dá um salto, tremendo de ódio, e enfrenta o chefe deles. Okonkwo é um homem intimidante – Achebe diz que ele é "alto e enorme, e suas sobrancelhas espessas e nariz largo lhe dão um ar muito severo" –, mas o mensageiro se mantém firme.[2] Isto é o que acontece em seguida:

> Nesse breve momento, o mundo parece parar, esperando. O silêncio é total. Os homens de Umuofia fundem-se no mudo pano de fundo de árvores e trepadeiras gigantescas, aguardando.
> O encanto se quebra com o mensageiro-chefe:
> – Deixe-me passar! – ele ordena.
> – O que quer aqui?
> – O homem branco cujo poder você conhece muito bem mandou parar com esta reunião.
> Como um raio, Okonkwo atira o seu facão. O mensageiro agacha-se para fugir ao golpe. Inútil. O facão de Okonkwo cai duas vezes e a cabeça do homem jaz ao lado do seu corpo disforme.[3]

Okonkwo espera que a sua tribo ataque os outros mensageiros, mas ela não faz nada, e ele sabe que aquelas pessoas jamais lutarão.

Então Okonkwo dá mais um passo extraordinário e viola um dos princípios mais profundos do seu povo: ele volta para casa e se enforca. O povo ibo vê o suicídio como uma abominação. Eles acreditam que isso torna o corpo da pessoa maligno, portanto nenhum membro da tribo pode tocá-lo ou ajudar a enterrá-lo, e sacrifícios precisam ser feitos para purificar a profanação. Quando o comissário distrital, o oficial colonial mais graduado, chega à casa de Okonkwo, encontra o líder da aldeia chamado Obierika com os olhos fixos no corpo pendurado do amigo. Com a voz embargada, Obierika diz: "Esse foi um dos maiores homens de Umuofia. Vocês o fizeram se matar, e agora ele será enterrado como um cão."[4]

QUESTÕES DE CARÁTER

O que deu tão errado? Como Okonkwo, que foi um grande homem e líder tribal, não conseguiu compreender o que seus companheiros fariam ou não? E por que escolheu violar o princípio ético fundamental da sua comunidade? Para tratar desses temas, vamos examinar o que Achebe nos mostra sobre a vida e a liderança de Okonkwo. Com isso, examinamos cinco questões que podem ajudar os líderes, assim como os homens e mulheres que aspiram à liderança, a testarem seus códigos morais.

Qual a profundidade das raízes emocionais do meu código moral?

A família é a primeira organização que experimentamos, e nossos pais – grandes, poderosas e autoritárias figuras são nossos primeiros líderes. Muitos líderes extraem força de seus pais, e em certos casos isso acontece mesmo quando os pais são fracos ou fracassados. Winston Churchill procurou restaurar a reputação do pai, um brilhante fracasso político. O pai do presidente Eisenhower não podia sustentar a família, mas sua mulher e seus sete filhos colocaram mãos à obra para pagar as contas no fim do mês.

Okonkwo também é desafiado pelo legado dos pais. Sabemos pouco sobre a sua mãe, mas muito sobre o pai. Vemos, em particular, que o pai de Okonkwo era um homem bom, gentil e alegre, e que Okonkwo o detestava. Isso porque o pai era também preguiçoso, covarde e muito melhor na arte de pedir dinheiro emprestado do que de devolver. Ibo, tribo de Okonkwo, valoriza o trabalho duro – em particular a extenuante tarefa de cultivar os inhames que alimentam a sua comunidade – e a acumulação de riqueza. Valoriza também a coragem física e a bravura militar, porque, de tempos em tempos, foi obrigada a se defender de tribos vizinhas. O pai de Okonkwo falhava em todas essas dimensões, o que deixa o filho profundamente envergonhado.

Okonkwo resolve que jamais será como o pai, e esse compromisso molda a sua vida. Ele trabalha duro para ser um importante lutador e guerreiro, e depois volta-se para atividades agrícolas. Pede emprestado oitocentas plantinhas de inhame a um ancião rico e se compromete a pagar de volta dois terços do que colher. Infelizmente o tempo naquele ano é o pior de que se tem lembrança, e Okonkwo perde tudo. A essa altura, ele poderia ter recorrido ao estilo do pai e renegado suas dívidas. Em vez disso, trabalha muito, quase desesperadamente, durante muitos anos, para pagar sua dívida e ter sua própria fazenda. Olhando para trás, ele diz: "Se sobrevivi a esse ano, posso sobreviver a qualquer coisa."[5] Okonkwo também faz um esforço enorme para transmitir esses valores ao filho mais velho. Quando o menino, chamado Nwoye, está com apenas doze anos de idade, Okonkwo começa a lhe ensinar o árduo trabalho de preparar as sementes de inhame, plantá-las e cuidar delas meticulosamente, durante longos dias, debaixo de um sol quente.

Okonkwo acabou ficando rico, e isso, junto com a sua coragem e habilidade em batalha, conquistou-lhe o respeito de todos – pelo que fez e por quem é. Okonkwo é um homem de pouquíssimas palavras, mas suas atitudes mostram como é diferente do pai e como os valores da comunidade moldaram profundamente o seu caráter. Seus concidadãos compreendem que o seu código moral – seus compromissos básicos e os princípios que orientam suas ações – expressa algumas das suas mais profundas aspirações. Eles sabem quem ele é, eles o compreendem e confiam nele – instintiva e genuinamente. Os compromissos de Okonkwo são os deles – e não apenas no nível intelectual, mas também no emocional e psicológico.

Em resumo, o código moral de Okonkwo passa no primeiro teste: seus valores e princípios têm profundas raízes emocionais, no seu caráter e no da sua comunidade. Valoriza a força, a coragem, a perseverança, e os costumes e práticas tradicionais de Umuofia. Diante de um problema ou de uma decisão, os princípios orientadores de Okonkwo são os de agir com vigor e instintivamente e, então, perseverar a qualquer custo. Os anos da sua juventude são difíceis e muitas vezes amargos, mas gravaram esses valores no seu caráter e esse código moral fez dele um líder natural do seu povo.

Existe um obstáculo muito importante nesse primeiro teste de código moral: os valores da comunidade que um líder personifica devem passar por um escrutínio ético. O líder com vínculos muito fortes com um grupo com tendências negativas não possui um código moral saudável, nem aquele que personifica os piores traços de uma sociedade em geral boa.

A aldeia de Okonkwo, Umuofia, não é perfeita. As mulheres são violentadas, os gêmeos são deixados para morrer na Floresta do Mal, e em ocasiões especiais os guerreiros bebem nos crânios de inimigos vencidos. Mas Umuofia também tem um sistema elaborado de justiça e obrigações sociais, um profundo respeito pela natureza e rituais magníficos que unificam toda a comunidade. Em termos morais, Umuofia compara-se favoravelmente com seus invasores cristãos. Por exemplo, eles ridicularizam a religião ibo "primitiva", mas o seu cristianismo não os impede de massacrarem muitas mulheres e crianças num mercado de sábado para vingar a morte de um soldado. Como a maioria das comunidades, os valores de Umuofia são uma mescla de coisas boas e ruins, mas o código moral de Okonkwo expressa algumas das suas mais altas aspirações: muito trabalho, sucesso, coragem militar e respeito aos deuses e anciãos. O código deles é o seu. Ele vive segundo esse código, com espontaneidade e coerência, e torna-se um líder.

Quando jovem, Okonkwo jamais pensa no seu código moral, seus fundamentos morais ou nos valores de Umuofia. Simplesmente vive a sua vida. Na maioria das vezes, não há nada de errado nisso. Sócrates disse que a vida subexaminada não vale a pena viver, mas também não uma vida superexaminada. Okonkwo tem um firme código moral e um forte compromisso emocional com ele. Vista de fora, a sua vida parece exemplar, mas há sérias questões de caráter que Okonkwo precisa resolver.

O que meus fracassos me dizem?

O que Umuofia só mais tarde vai entender é que a emoção dominante de Okonkwo é o medo de ficar como seu pai, e não a devoção aos valores da aldeia. Isso não seria um problema se o mundo de Okonkwo tivesse continuado um lugar razoavelmente simples e estável. Então, o seu código moral teria lhe servido e ao seu povo também. Ele era, de fato, o equivalente a uma bússola moral. Quando Okonkwo ou Umuofia enfrentavam desafios, ele sabia, direta e espontaneamente, o que fazer. Mas Umuofia e seus líderes enfrentam um enorme desafio com a chegada de uma nova tribo que é branca, cristã, capitalista e bem armada.

Para saber se um líder tem um bom código moral para situações de mudanças e instabilidade, precisamos ver as coisas mais de perto. A literatura séria, como *Things Fall Apart*, pode ser de grande valia porque fala dos desafios e dificuldades da vida e mostra como iluminam o caráter. O ano de sucessos a duras penas conquistados de Okonkwo nos diz muito sobre o seu código moral, mas seus fracassos nos dizem ainda mais. O fracasso desnuda e revela. E o que descobrimos às vezes é que um código moral, enraizado em valores pessoais e da comunidade, é menos saudável do que parece.

Um dos maiores fracassos de Okonkwo, como pessoa e como líder, é quando ele espanca uma de suas esposas porque ela não alimentou seus filhos uma tarde e depois mente sobre o que aconteceu. Os outros aldeões ficam revoltados com essa atitude e com medo, porque isso se dá na Semana da Paz, pouco antes de os fazendeiros iniciarem as suas plantações. Quando o sacerdote da deusa da terra sabe o que Okonkwo fez, vai até a casa dele, recusa qualquer gesto de hospitalidade e lhe diz: "O mal que você fez pode arruinar todo o clã."[6] Em seguida, ordena que Okonkwo faça uma grande e muito cara oferta à deusa terra.

As reações dos líderes aos seus fracassos podem ser tão reveladoras quanto os próprios fracassos. Por exemplo, mesmo que Okonkwo tivesse um gênio ruim, um espírito orgulhoso e punhos rápidos, ele não se vinga do sacerdote, simplesmente aceita seu castigo. Isso parece louvável – até examinarmos melhor. Aí não vemos nenhum sinal de que Okonkwo se arrepende do que fez com a mulher. De fato, não há evidência de que pense nisso até o sacerdote repreendê-lo. No que diz respeito a Okonkwo, nada aconteceu na verdade. Foi preciso despertar nele essa consciência moral.

A reação de Okonkwo revela como o seu código moral é estreito e emocionalmente limitado. A esposa descumpriu uma das suas regras domésticas, então ele a puniu. Ao perceber que havia violado uma lei da sua tribo, soube que teria de ser castigado. A forte implicação é que ele vê um código moral como um conjunto de regras fundamentadas no castigo. As regras devem ser seguidas, não examinadas ou avaliadas. Elas indicam de uma forma simples e mecânica o que é certo e o que é errado, e cabe a ele segui-las. Para quem está de fora, a reação de Okonkwo parece ser de obediência e arrependimento; vista de dentro, ela é estéril e pavloviana.

Além do mais, mesmo que ele seja um líder da sua comunidade, Okonkwo não leva em consideração o que seus companheiros na aldeia pensam e sentem. Como os seus próprios instintos morais estão truncados, ele não consegue compreender como os outros reagirão. O seu erro e a sua reação logo se tornam o falatório da aldeia. Okonkwo não se desculpa com ninguém, assim algumas pessoas o consideram arrogante, e outras acham que ele perdeu o respeito pela aldeia e pelos seus deuses. A condição de líder de Okonkwo está abalada – tanto pelo seu fracasso quanto pela sua reação –, mas ele não vê nada disso. Só compreende que desobedeceu a uma norma e tem de ser punido.

A reação de Okonkwo revela de outro modo a sua inadequação para líder: ao expor o seu limitado repertório moral. Suas raízes morais são profundas e fortes, gravadas a fogo na sua psique pela vergonha que sente com o estilo de vida do pai, mas são muito estreitas. Okonkwo reverencia a força e detesta a vulnerabilidade. Por conseguinte, quando a aldeia é ameaçada pelas outras tribos, Okonkwo entra em sintonia com as necessidades e sentimentos do seu povo e emerge como um líder. Em contraste, quando uma situação diferente exige outra reação moral, ele não está disponível. Depois de espancar a mulher, Okonkwo deveria ter sabido e sentido que havia feito uma coisa muito errada, mas isso não aconteceu. A sua reação prenuncia o fracasso final como um líder; ela revela um abismo que cresce num cisma, entre o seu estreito código moral e o leque amplo e complexo de valores e preocupações do povo que ele esperava liderar.

Bons líderes fazem mais do que confrontar seus fracassos e refletir sobre as suas reações; também procuram explicações e começam olhando para si mesmos, em vez de culpar os outros.

Se Okonkwo tivesse feito isto, teria visto que o seu fracasso, como aqueles de muita gente de sucesso, originou-se de um estreito conjunto de instintos e impulsos gravados no seu caráter na juventude e recompensados pela sociedade quando ele ficou mais velho. Esses impulsos e instintos tornam-se um poderoso e compensador código pessoal, mas também são um estreito e perigoso código moral, especialmente para um líder. A teimosia e a rude determinação de Okonkwo tornaram-se fatores dominantes na sua ética pessoal porque o conduziram ao seu sucesso e o ajudaram a ser um líder. Com o tempo, entretanto, Okonkwo virou escravo delas e não o seu senhor. O fracasso de Okonkwo – a sua violência contra a mulher e a sua reação de paralisia – levanta uma possibilidade que nem todos os líderes querem enfrentar: a perspectiva de que os próprios traços e os valores que os fazem bem-sucedidos também os deixam vulneráveis e causam graves erros.

Como lidei com surpresas éticas?

Líderes cometem erros, não alcançam as suas aspirações e às vezes fracassam, apesar de todos os seus esforços. Isso não quer dizer que não tenham um código moral, apenas são humanos. Mas como saber se o fracasso de um líder é um episódio isolado ou algo mais grave?

Uma boa estratégia é procurar padrões repetitivos. Isso significa tratar a vida de um líder como um *scattergram* onde cada pontinho é uma decisão ou uma ação. Com o passar do tempo, o líder com um código moral firme criará um padrão definido. Mas o padrão nunca será em linha reta, porque os melhores líderes às vezes erram. Outros líderes, com códigos morais mais fracos, criarão padrões borrados ou randômicos, sugerindo que são guiados por algo que não é um código moral.

O problema da estratégia do *scattergram* é que ele confere igual peso a tudo que o líder fizer. É bom para decisões de rotina e circunstâncias estáveis, mas um teste que seja muito importante para um código moral saudável inclui algumas situações que são autênticas surpresas morais. Nesses casos, os líderes devem tomar decisões sem os pontos de referência e postes indicadores.

O código moral de Okonkwo é testado por uma surpresa moral que envolve um menino de doze anos de idade, chamado Ikemefuna, que veio morar com ele como parte de um tratado de paz com outra aldeia. No princípio, Ikemefuna sofre porque tem saudades da mãe e da irmã, mas acaba sentindo-se em casa com a sua nova família, e passa a ser a companhia constante do filho de Okonkwo, Nwoye. Okonkwo passa horas contando histórias para os meninos sobre Umuofia e ensinando-os a plantar. Depois de três anos, Ikemefuna está se desenvolvendo "como um inhame na estação das chuvas".[7]

Tudo vai indo bem até que um grupo de anciãos chega à cabana de Okonkwo e diz que o Oráculo da Caverna, o espírito que governa Umuofia, decretou que Ikemefuna tem de morrer. Um ancião também diz a Okonkwo: "Não quero que você participe disso. O menino o chama de pai."[8] No dia seguinte, de manhã cedo, os anciãos das aldeias vizinhas chegam ao conjunto de cabanas de Okonkwo e dizem a Ikemefuna que ele vai voltar para a sua casa, e lhe dão um vaso com óleo de palmeira para carregar na cabeça. Okonkwo junta-se ao grupo e eles entram na floresta caminhando em fila única.

Ikemefuna não sabe em que acreditar. Os homens sussurrando baixinho o assustam e ele fica imaginando se voltará a ver a mãe e a irmãzinha. Mais tarde, entretanto, ele se sente à vontade porque Okonkwo caminha atrás dele. Então, alguém atrás de Ikemefuna pigarreia. O menino se vira para olhar e um homem rosna para ele e o manda continuar andando. Um calafrio de terror corre pela espinha de Ikemefuna. Ele vê que Okonkwo recua. Em seguida o homem atrás de Ikemefuna joga o facão em cima do garoto. Ele erra e acerta o vaso, que cai e quebra. Então Okonkwo avança na direção de Ikemefuna, ergue o seu facão e mata o menino.

Quando Okonkwo saiu naquela manhã, não tinha razão para esperar essa mudança nos acontecimentos. Surpresas morais como essa podem revelar características fundamentais do código moral de um líder, e podem ser julgadas por três padrões: clareza, motivo e domínio.

CLAREZA. O primeiro padrão pergunta se um líder entende claramente as suas obrigações morais básicas. No caso de Okonkwo, não está claro se ele satisfaz esse padrão, embora certamente deveria ter sabido o que estava certo e o que estava errado. O Oráculo da Caverna havia dito que Ikemefuna tinha de morrer, mas não ordenara a Okonkwo matá-lo. Um ancião da aldeia, falando em nome de Umuofia, havia explicitamente dito a Okonkwo para não participar da morte de Ikemefuna. E Okonkwo tinha claras obrigações morais com relação ao menino, e com Nwoye e o resto da família, que amava Ikemefuna.

Okonkwo deveria ter compreendido e sentido essas obrigações, sem a mais leve insinuação. Mas parece que não percebeu que havia uma nítida linha ética que não deveria ter transposto. Okonkwo retornou ao entranhado repertório moral com o qual crescera e reagiu como um guerreiro e um homem forte. Se Okonkwo estivesse num campo de batalha, o seu código moral lhe teria sido muito útil, mas aqui foi profundamente deficiente.

MOTIVO. Este padrão pergunta por que um líder agiu de uma determinada maneira. No caso de Okonkwo, a triste resposta é que os seus motivos não tinham conteúdo moral. Ele matou Ikemefuna, nos diz Achebe, porque teve medo de que os outros o achassem fraco.[9]

Não podemos esperar que líderes transcendam a sua humanidade e ajam por motivos de pureza angelical. Mas, se a conduta deles é genuinamente moldada por um código moral saudável, podemos esperar que agirão, até certo ponto, em benefício dos outros. Okonkwo agiu apenas em seu benefício. Ele teve medo, não de um guerreiro inimigo ou da ira dos seus deuses, mas apenas do que os outros iriam pensar dele. Num nível mais profundo, temeu se parecer com o pai. Não há nada de errado no medo como um motivo: bons líderes têm medo de ameaças ao seu povo, pelo qual é responsável, e de ameaças ao seu próprio bem-estar e segurança. Mas nem o altruísmo nem a prudência pessoal explicam a atitude de Okonkwo, e ele fracassou no padrão motivo.

DOMÍNIO. O terceiro é o padrão crucial para os líderes. Ele pergunta o que basicamente determina as suas escolhas e ações. Em particular, pergunta se, no fim, o código moral deles domina outras considerações.

Esse é um triste aspecto do papel de Okonkwo na morte de Ikemefuna. Ao voltar para casa, Okonkwo não come nada e passa dias e noites a fio bebendo vinho de palmeira, até "seus olhos ficarem vermelhos e ferozes como os de um rato apanhado pelo rabo e atirado no chão".[10] Ele não consegue parar de pensar em Ikemefuna e não pode se distrair trabalhando, porque é um período de descanso até a próxima estação de plantio. Okonkwo deve também ter notado a mudança no seu filho Nwoye: algo dentro dele se desfez, "como quando um arco retesado se parte".[11] Okonkwo sabe e sente que fez algo terrivelmente errado. Num momento crucial, seu temor dominou suas obrigações para com a sua tribo, a sua família e Ikemefuna.

A essa altura da sua vida, na casa dos quarenta, Okonkwo deveria ter tido dúvidas reais sobre o seu código moral. Quando jovem, ele havia se dedicado aos valores da sua tribo e vivera segundo as suas normas. Era admirado, bem-sucedido, e se tornou líder do seu povo − o código moral deles era o seu, seu compromisso com o povo era profundo e garantido. Mas o seu feio fracasso ao espancar a mulher indicava sérios problemas. Então, na surpresa moral com Ikemefuna, seu código moral falhou nos padrões de motivo, clareza e domínio. Essas são falhas muito graves, e a depressão de Okonkwo sugere que ele compreendeu a gravidade da sua situação. Agora ele enfrentava sérias questões: Poderia aprender e mudar? Seu código moral era flexível o bastante para se adaptar e crescer? Ele era senhor dos seus princípios e valores ou seu escravo?

Eu tenho coragem para reconsiderar?

Nos meses seguintes à morte de Ikemefuna, Okonkwo dá sinais de compaixão e cuidado, até de ternura. Por exemplo, quando a filha fica muito doente, ele prepara o seu remédio e cuida que ela o tome. Quando essa filha é levada tarde da noite pela sacerdotisa do Oráculo da Caverna, a mãe acompanha a sacerdotisa e Okonkwo segue atrás de todos. Ele encontra sua mulher do lado de fora da caverna, e lágrimas de gratidão enchem os olhos dela quando Okonkwo aparece. Eles passam o resto da noite ali juntos até a sua filha ser liberada.

Essa vigília sugere que os instintos morais de Okonkwo estão se ampliando – talvez porque agora ele sabe o que é perder um filho –, e parece sentir-se confortável sendo mais do que um fazendeiro robusto e um feroz guerreiro. Infelizmente, são instintos recentes que não têm tempo para se firmarem. Logo depois, Okonkwo e os outros anciãos da aldeia reúnem-se para um funeral. No auge da cerimônia, com os tambores batendo furiosamente e espingardas disparando para o ar, a arma de Okonkwo explode e um fragmento de metal mata um rapaz.

A dança pára, e todos percebem logo o que Okonkwo terá de enfrentar. Sete anos de exílio é a pena por matar um membro do clã. Okonkwo e suas esposas passam a noite arrumando as coisas. De manhã, partem para a aldeia onde a mãe dele nasceu. Em seguida, para expiar os pecados de Okonkwo, os outros homens da sua tribo destroem sua casa.

Okonkwo agora tem sete longos anos para refletir sobre a sua vida – o seu pai odiado, os seus triunfos quando jovem, a morte de Ikemefuna e o seu exílio –, mas só está interessado em voltar para Umuofia. Passa os dias cuidando da plantação e as noites sentindo pena de si mesmo. A uma determinada altura, o tio convoca uma reunião de família e critica Okonkwo pela autopiedade sem fundamento, mas isso não faz nenhuma diferença. Não demora muito e os missionários chegam à nova aldeia de Okonkwo, e o filho Nwoye acaba convertendo-se ao cristianismo. Okonkwo reage enfurecido.

O mundo inteiro de Okonkwo está mudando, mas ele continua inflexivelmente ele mesmo. A sua rigidez contrasta nitidamente com quase todos na sua nova aldeia e em Umuofia. Eles têm a coragem de enfrentar e considerar novos estilos de vida e as mudanças que os cercam. Alguns, como Nwoye, escolhem novos caminhos, outros adotam novas práticas, e outros afirmam suas crenças originais. Okonkwo permanece rígido. Seu código moral é fixo: no mínimo, sua autopiedade, seu isolamento e sua raiva fortalecem ainda mais os seus valores e princípios. Enquanto tudo isso está girando à sua volta, Okonkwo mantém uma visão fixa: os costumes tradicionais são os costumes verdadeiros, quem pensa diferente está errado e é fraco, e sua força e tenacidade não o deixarão se enganar.

Nesse ponto da história, o contraste entre Okonkwo e Umuofia é notável. De fato, nas discussões sobre essa história, costumo sugerir que os alunos pensem em Umuofia como um personagem. Com isso, eles vêem a aldeia e várias pessoas nela movendo-se por caminhos gratificantes de reflexão e autocompreensão. Como Okonkwo, esses indivíduos têm fortes códigos morais – fortes o suficiente para serem francos e curiosos, para se fazerem perguntas desafiantes e para reconhecer a complexidade moral e prática de suas vidas.

QUESTÕES DIFÍCEIS. O caminho que Nwoye escolhe implica lutar com questões difíceis. Ao contrário do pai, ele é capaz de viver segundo os costumes e práticas da sua comunidade, mas também consegue se fazer perguntas difíceis sobre o seu estilo de vida. Por que os gêmeos são deixados na Floresta do Mal para morrer? Por que o Oráculo decretou a morte de Ikemefuna? A aldeia era mesmo obrigada a obedecer a ele? Nwoye está fazendo o que seu pai não pode: lutando muito com as práticas e crenças da sua comunidade. A coragem de Okonkwo é física; a de Nwoye é moral.

Esse questionamento ajuda Nwoye a compreender o seu próprio código moral. O seu fundamento é a compaixão pelos vulneráveis e os sofredores. Finalmente, o cristianismo parece ter respostas melhores para as suas dúvidas, e ele se converte. A sua nova religião não é um repúdio ao seu código moral, mas um novo modo de expressá-lo e viver de acordo com ele.

MODÉSTIA E FRANQUEZA. O tio de Okonkwo, Uchendu, confia na modéstia e na franqueza como um caminho para a reflexão e a reconsideração. Num determinado momento, por exemplo, Uchendu está conversando com Okonkwo e seu grande amigo, Obierika, sobre a aldeia que os brancos atacaram no dia de mercado. Okonkwo, como é de se prever, diz que os aldeões deveriam estar armados para se defenderem. Obierika comenta que ouviu histórias indicando que os brancos poderiam atacar como fizeram, mas acrescenta que ninguém pensou que fossem verdade. A resposta de Uchendu é: "Não há história que não seja verdade. O mundo não tem fim, e o que é bom para um povo é abominável para outros."[12]

No isolamento, isso soa como indiferença e relativismo moral, mas não é. Uchendu preocupa-se muito com os valores e a vida do seu povo e compreende a ameaça que enfrentam. Ele é também um homem corajoso, que defendeu Umuofia como guerreiro. Mas Uchendu está tentando fazer com que Okonkwo e seu amigo parem de discutir táticas militares e reflitam sobre uma lição que ele aprendeu nos seus longos anos de vida. O mundo, como Uchendu o vê, é um lugar muito mais complexo e variado do que qualquer um deles é capaz de compreender, e esse é o mundo onde seus valores seriam testados e onde seus planos tinham de funcionar. Em outras palavras, as crenças e os costumes tradicionais de Umuofia não poderiam, por si mesmos, continuar servindo de guia para seus líderes.

CONFRONTANDO DURAS REALIDADES. O amigo de Okonkwo, Obierika, escuta atento o que Uchendu diz. Ele já lutou com o que a sua comunidade enfrenta, e evitou a prisão de Okonkwo numa moralidade rígida e privada. O caminho de reflexão de Obierika é a honestidade intelectual. Ele é capaz de olhar sem piscar para o que está acontecendo na sua comunidade e aceitar isso pelo que é. Num determinado momento, Obierika tenta fazer com que Okonkwo aja da mesma maneira e diz: "O homem branco é muito esperto. Ele veio mansa e pacificamente com a sua religião. Nós achamos divertidas suas tolices e deixamos que ele ficasse. Agora ele conquistou nossos irmãos, e nosso clã não pode mais agir como um clã."[13]

Nisso, Obierika passa para o fato emocional básico. Na passagem mais triste do livro, ele diz que o homem branco "colocou uma faca naquilo que nos mantinha unidos e nós nos separamos".[14] O que Obierika afirma é doloroso, mas real. O "nós" na sua mente é ao mesmo tempo a comunidade tradicional de Umuofia, agora dividida em facções, e as vidas e identidades morais do seu povo. Esse é o fato central que todos enfrentam. Como um dos líderes de Umuofia, Obierika está disposto a confrontá-lo diretamente. É o seu doloroso, mas inevitável, ponto de partida para a reflexão e a ação.

A BUSCA DE SABEDORIA. Uma última forma de escapar da rigidez moral é através de uma busca guiada por sabedoria, uma prática que todas as religiões e muitas tradições filosóficas oferecem. Uma boa parte da sabedoria de Umuofia é revelada em provérbios e histórias transmitidos de geração em geração, tais como: "Não mate um homem que não diz nada", "Fogo vivo produz cinzas frias e impotentes" e "Mãe é suprema".[15] Nada disso é regra, e nada tem um sentido simples. Todos respeitam e desafiam o povo a ouvi-los. Podem ser interpretados de diferentes maneiras, dependendo das circunstâncias.

Esses antiqüíssimos provérbios incentivavam o povo de Umuofia a pensar, interpretar e julgar – tudo no contexto das tradições da sua comunidade. Também encorajavam os líderes da aldeia a conversarem uns com os outros, num espírito de confiança, sobre o sentido e a relevância dessas frases veneráveis. A clara sugestão é que o código moral de um líder não é uma questão privada; ela é inevitavelmente social.

Nenhuma dessas alternativas à rigidez moral – questionamentos, modéstia e franqueza, o confronto com realidades desagradáveis e a busca comunitária de sabedoria em vez de regras – vem facilmente. Todas requerem força, perseverança e determinação. Irônica e tristemente, Okonkwo tem a coragem física para combater guerreiros inimigos de faca na mão, mas não tem a coragem moral para questionar e refletir.

É por isso que Okonkwo, que viveu grande parte da sua vida segundo os padrões e valores do seu povo, no fim se torna um líder sem seguidores. Desperdiça sete anos de exílio sentindo raiva e pena de si mesmo; durante o mesmo período, a sua comunidade luta para se entender com a nova realidade. Alguns, como Nwoye, aceitam bem as alternativas para os valores tradicionais. Outros divertem-se, mas não se sentem ameaçados pelos recém-chegados, riem quando um dos missionários, que se esforça para aprender a língua ibo, usa a expressão "minha bunda" sempre que quer dizer "eu mesmo".[16] Alguns ainda começam a fazer comércio com outras comunidades e a melhorar suas vidas.

Quase todos percebem que os antigos costumes precisam mudar. Alguns, como Obierika, sabem que os valores tradicionais não unem mais a tribo. Outros entendem que os invasores coloniais são poderosos e rudes demais para se resistir a eles. A maioria das pessoas está ocupada tentando colocar comida na mesa e aceitar o novo regime. Okonkwo não quer saber de nada disso. Ele se retira para um enclave psicológico, privado, separado das vidas, das necessidades e sentimentos do seu próprio povo. Os homens que ele tentou reagrupar, atacando e matando o mensageiro, são homens que ele não compreende mais. Umuofia e seus outros líderes têm códigos morais muito mais sensíveis, complexos e sutis do que o de Okonkwo.

Posso cristalizar as minhas convicções?

Apesar de todas as suas falhas, Okonkwo está certíssimo num fato central: os colonialistas ameaçam, sim, o estilo de vida tradicional do seu povo. Ele compreende melhor essa ameaça do que os seus pragmáticos compatriotas por causa de uma vida inteira dedicada aos valores tradicionais da sua comunidade e por causa da ferida ainda aberta da traição do filho. Infelizmente, Okonkwo não pode comunicar a ninguém essa profunda convicção. O seu código moral lhe disse algo de importância crítica; como líder, tenta agir com base nas suas íntimas percepções, mas fracassa totalmente. Por quê?

Okonkwo é um homem de ação, que acha que quem fala demais é fraco, como o seu pai tagarela. Quando ele era jovem, os valores de Umuofia eram claros, portanto as atitudes dele falavam por si mesmas e mostravam a sua devoção a esses valores. O código de ética de Okonkwo era firme – para um mundo familiar e estável. Mas para liderar o seu povo nessa época tumultuada, ele precisava do que todos os líderes precisam: de habilidade para cristalizar e comunicar eficientemente as suas idéias e convicções – de forma coerente com os valores e sentimentos do povo que ele queria liderar.

Okonkwo não pode ser sensível e persuasivo com outras pessoas porque não tem sensibilidade para consigo mesmo. Sua vida está subordinada, quase brutalmente, ao seu código moral. O código não o serve; ele serve ao código. Ao contrário dos seus companheiros de aldeia, Okonkwo é um sujeito severo e sem piedade, com poucos momentos de alegria ou prazer na sua vida, que ameaça os outros tão duramente quanto ameaça a si mesmo. Seus esforços grosseiros para persuadir confirmam isso. Aqui, infelizmente, está uma das poucas tentativas de Okonkwo para reunir seus companheiros ao seu lado: "Não vamos raciocinar como covardes. Se um homem entra na minha cabana e defeca no chão, o que eu faço? Fecho os olhos? Não! Pego um pedaço de pau e quebro a cabeça dele."[17] Numa comunidade que preza o diálogo e provérbios sutis, isso é rude e chocante. E também insulta todos que não concordam com Okonkwo, e ele inevitavelmente não convence ninguém.

Okonkwo não pode compreender e expressar o que nunca aceitou. A sua comunidade compartilha uma ampla variedade de valores morais importantes. Em contraste, o código moral de Okonkwo é binário: pessoas e acontecimentos são bons ou maus, fortes ou fracos, louváveis ou odiosos. As suas firmes convicções filtram aquilo com que ele não quer lidar, como as reações variadas e cheias de nuances dos seus compatriotas aos europeus.

Para os líderes, um código moral sólido tem de ser mais do que um conjunto de firmes convicções pessoais. Líderes precisam ter uma aguda sensibilidade aos sentimentos e preocupações de uma comunidade – no nível consciente e inconsciente, no emocional e intelectual. Suas convicções pessoais devem estar profundamente mescladas com as convicções e preocupações dos outros. Um ditado ibo – "Eu sou porque nós somos" – capta isso muito bem, mas Okonkwo não entende.

Okonkwo poderia ter sido um líder melhor e um homem mais feliz, se o seu código moral não tivesse sido forjado em oposição à vida do pai. A gentileza do seu pai o teria feito menos intimidador; o seu gosto pela conversação poderia tê-lo ajudado a aprender com os outros. Mas Okonkwo está profundamente distanciado de todos ao seu redor, e não pode liderar pessoas que não compreende.

Okonkwo torna-se um líder sem seguidores ao cortar sempre os laços com as pessoas que o cercam. Ikemefuna está morto, as suas esposas vivem com medo dele, o filho mais velho fugiu e Okonkwo despreza a maior parte da população de Umuofia. A raiva dos invasores bloqueia todos os outros sentimentos, portanto ele mal ouve o que fala Obierika, um bravo guerreiro e amigo de sua vida inteira. O assassinato do mensageiro expressa o atrofiado código moral de Okonkwo, e aí ele faz algo ainda pior: se mata. O suicídio completa a separação de Okonkwo do seu povo e viola umas das suas normas mais fortes. Resulta que ele é enterrado na Floresta do Mal, exatamente como o pai que ele reprovava.

ALÉM DA BÚSSOLA MORAL

A vida de Okonkwo mostra a importância do código moral de um líder e oferece vários modos básicos para os líderes testarem a firmeza das suas próprias convicções. Ela também nos alerta para não considerarmos códigos morais como simples artifícios mecânicos. Se um líder pergunta "Eu tenho um código moral?", a resposta "Claro que tenho. Sei sempre o que está certo e o que está errado" é arriscada. Okonkwo teria dito a mesma coisa.

Analogias podem ser enganosas, mas precisamos de uma melhor para descrever um código moral firme. Talvez pareça uma árvore velha e alquebrada. Em outras palavras, um bom código moral tem raízes profundas nos valores de comunidades e nas vidas de seus líderes. Ela é robusta e resistente. Cresce e se desenvolve com o tempo. Seus galhos são altos, respondendo delicadamente à brisa que passa e se curvando aos fortes temporais.

Um firme código moral requer um compromisso constante e franco com a vida moral e prática que cerca um líder. Em algumas ocasiões, o sinal mais evidente de um bom código moral é a flexibilidade e não a firmeza. Por exemplo, durante a década de 1990, Franco Bernabè era CEO da ENI, a imensa corporação petroquímica italiana, e orquestrou uma drástica reestruturação e privatização da empresa. Ela estava cheia de corrupção e Bernabè disse que sentiu um "ódio violento" pela interferência política nas operações da companhia.[18] CEOs raramente usam palavras tão fortes, e essas indicam as profundas raízes emocionais do código moral de Bernabè.

    Logo de início, entretanto, o código moral de Bernabè foi testado. Uma investigação anticorrupção na ENI levou à acusação de vários funcionários seniores da empresa, e Bernabè teve de decidir se estenderia ou não a investigação até os níveis médios da empresa. Por fim, ele resolveu não fazer isso, dizendo que os investigadores haviam feito tudo que era necessário. Apesar da sua visceral oposição à corrupção, Bernabè não achou que a ENI pudesse sobreviver à dizimação dos seus níveis médios, e não queria responsabilizar gerentes de nível médio por um sistema que não haviam criado nem controlavam. Bernabè talvez não tenha demarcado o limite no lugar certo, mas enfrentou o difícil desafio que líderes enfrentam muitas vezes: permanecer fiel às suas convicções e, ao mesmo tempo, reagir com flexibilidade às realidades morais e práticas surgindo ao seu redor.

    Okonkwo jamais desenvolveu essa capacidade por causa da sua autárquica abordagem à vida e ao trabalho. A sua extrema autoconfiança o faz evitar desafios ao seu código moral e o impede de aprender com muita gente à sua volta, que poderia ter lhe servido de modelo e ensinado lições importantes sobre a sua vida e as suas responsabilidades como líder em Umuofia. Algumas dessas lições o teriam perturbado; outras o teriam feito parar ou redirecionar a cega devoção agressiva e orientada para conquistas que era a sua vida. Além de um código moral mais flexível, Okonkwo também precisava de modelos que o teriam inquietado e provocado, como fazem a maioria dos bons líderes.

CAPÍTULO 3

Meus modelos são inquietantes?

MUITAS BIOGRAFIAS DE LÍDERES descrevem os seus modelos, os homens e mulheres que ajudaram a definir a direção de suas vidas e lhes deram inspiração e incentivo, especialmente em momentos difíceis. Durante milênios, grandes personalidades religiosas deram apoio e orientação para inúmeras pessoas. E, em todas as sociedades, pais e professores servem como modelos cruciais. O ensinamento para os líderes parece claro: modelos podem ser guias valiosos, até decisivos, tanto para a vida como para o trabalho.

A ficção séria sugere que essas idéias familiares são precisas, mas um tanto simplistas e até, às vezes, perigosas. Modelos podem inspirar e guiar, mas também confundir e atordoar – problema que já vislumbramos. Um dos modelos de Willy Loman é Ben, o seu sombrio irmão mais velho, que inspirava Willy, mas alimentava as suas ilusões. Outro é Dave Singleman, o reverenciado caixeiro-viajante cuja vida, conforme Willy compreende, provou que bastava ser querido para ser um astro. Também Biff Loman e Okonkwo são influenciados por antimodelos; a sua revolta contra os pais. E os audazes e nobres guerreiros que Okonkwo admira mal o preparam para a ameaça dos colonizadores.

Quase todo o caráter que examinamos procurava intensa e às vezes desesperadamente alguém que lhe mostrasse o caminho. Esse é um instinto natural humano: talvez tenha ajudado nossa espécie a sobreviver e certamente auxiliou muita gente a vencer tempos difíceis. Mas conforto e inspiração, por si só, são guias duvidosos para um bom modelo.

A ficção séria sugere que líderes precisam de meios mais complexos para formar uma opinião sobre os seus modelos. Este capítulo estuda um rapaz chamado Jerry, que mais tarde se torna um homem de negócios bem-sucedido, ajuda a criar três crianças e é ativo na sua comunidade local. Jerry, em resumo, é uma pessoa comum dos tempos atuais: quem já esteve numa reunião de executivos encontrou muita gente como ele. Mas a vida de Jerry é fortemente moldada por um breve e intenso relacionamento com uma anciã negra chamada Vesta Lotte Battle, que ele conhece quando tem apenas dezenove anos de idade. Ficamos sabendo da influência de Vesta de um modo notável, vendo como Jerry, aos 59 anos, olha para o seu passado e para o papel de Vesta nesses anos da sua vida.

A história de Jerry é contada em "Blessed Assurance", um conto de Allan Gurganus. A narrativa é feita na primeira pessoa, portanto os leitores sentem como se Jerry estivesse falando diretamente para eles. De fato, quando lidero discussões sobre este livro, os alunos costumam perguntar se a história é realmente ficção, porque é muito vívida, realista e pessoal. Um ex-colega meu certa vez encontrou Allan Gurganus numa festa e mencionou que a sua história estava sendo discutida na Harvard Business School. A resposta de Gurganus foi enigmática. Disse que estava muito contente de saber disso, mas não falou por quê. Talvez Gurganus compreendesse o que meus alunos sentiam: que a história de Jerry ecoa de perto as suas próprias vidas e experiências.

Se usarmos o relacionamento de Jerry com Vesta para pensar a respeito de modelos, dois temas amplos emergem. Um é que a visão convencional de modelos é saudável. Líderes precisam de modelos cujos comportamentos possam aprender, cujos traços possam copiar e cujos valores possam compartilhar. Quarenta anos depois de terem convivido, Jerry ainda precisa do exemplo de Vesta Lotte Battle. De fato, Vesta é uma das mais notáveis líderes que vamos conhecer neste livro – se a julgarmos pela diferença que faz na vida das pessoas, como Jerry, que cruzam o seu caminho.

O outro tema básico é que bons modelos fazem muito mais do que dar exemplos claros e inspiradores. Eles também operam de vários modos complexos emocionais e psicológicos – tirando o sossego de líderes, criando tensões permanentes em suas vidas, impulsionando-os para frente e fazendo-os lutar. Fazem isso sem estabelecer exemplos explícitos, mas indiretamente, de uma forma sutil e até inconsciente. Bons modelos precisam ser julgados pelo que evocam numa pessoa e pela maneira como a ajudam a melhor se compreender.

A complexidade de modelos sugere claramente que líderes devem, de vez em quando, gastar um pouco de tempo para compreender quem seus modelos são realmente e avaliar o que estão fazendo *por* eles e *para* eles. A história de Jerry nos conta um bocado sobre essa importante tarefa, e a melhor maneira de ver isso é examinando o seu relacionamento com Vesta Lotte Battle.

VESTA E JERRY

Quando encontramos Jerry, ele está cheio de ansiedade a respeito de ter ou não vivido bem a sua vida. Olhando-se por fora, ele tem muito de que se orgulhar. Começou a vida sem nenhuma vantagem, exceto a inteligência e a ambição. Os pais trabalhavam num cotonifício, ganhavam pouco e tinham os pulmões arruinados. Ao terminar o ensino fundamental, Jerry sustentava-os trabalhando em vários empregos de meio expediente. Acabou formando-se no ensino médio e na faculdade de direito, depois abriu uma cadeia bem-sucedida de lavanderias automáticas. Jerry e a mulher criaram três filhos, e ele participa de atividades comunitárias.

Perto dos sessenta anos, Jerry tem duas coisas que o incomodam. Depois de dois recentes ataques cardíacos, ele não sabe quanto ainda vai viver, e está olhando para trás e avaliando sua vida. E, por motivos que não compreende, Jerry está preocupado com um relacionamento de mais de quarenta anos atrás com Vesta Lotte Battle, uma senhora idosa negra.

Jerry conheceu Vesta porque tinha um emprego de meio expediente recolhendo prêmios do seguro-funeral numa comunidade negra pobre no sul do país. Todos os sábados de manhã, Jerry vestia camisa e gravata e saía de porta em porta, coletando cinqüenta ou 75 centavos de dólar de cada cliente. Se um morria e o prêmio estava quitado, a empresa pagava um grandioso funeral. Mas se o cliente deixasse de pagar duas prestações seguidas, perdia o direito a tudo que já havia pago, e a apólice vencia. Isso aconteceu com muitos segurados porque quase sempre eram idosos e viviam nas margens econômicas da sociedade; quando eles não conseguiam pagar, a empresa ganhava centenas de dólares.

O jovem Jerry não tinha ilusões a respeito do seu trabalho. O chefe era um velho triste chamado Sam, que avisa a Jerry de que está entrando para um negócio cruel. Sam instrui Jerry a ver qualquer gentileza ou gesto de amizade de um cliente como um suborno. O melhor era ignorar indivíduos e tratar todos como "vida em grupo".[1] Jerry aceita o emprego porque precisa do dinheiro – ele já trabalha em outros dois, para sustentar os pais e pagar as aulas no curso noturno – ainda que, como ele diz, "ficasse muito assustado com o que ia fazer".[2]

Nada aconteceu nas primeiras semanas. Para alívio de Jerry, todos os seus clientes pagaram a tempo. Então, num sábado, no meio do caminho, o pneu do carro decrépito de Jerry furou, na hora em que caía uma violenta tempestade. Jerry tenta trocar o pneu, mas o macaco escorrega sempre na lama, como Jerry também, e ele tem de espantar diversos cães que latem e avançam para ele. Dezenas de negros logo aparecem para olhar, divertindo-se, nas varandas das suas casas.

Aí ele percebe uma mulher negra pequena e frágil do lado do seu carro. Ela diz a Jerry para sair da frente e várias crianças colocam rápido o pneu sobressalente no lugar. Em seguida, ela leva Jerry e as crianças de volta para a sua casa, manda que ele tire as roupas molhadas e lhe dá uns dois sacos de farinha para se secar e um roupão velho para vestir. Ela também lhe prepara uma xícara de chá.

Assim começa o relacionamento de Jerry com Vesta Lotte Battle. Nas semanas seguintes, quando ele vem recolher os prêmios, senta-se e conversa com ela. Fica sabendo que ela tem pelo menos noventa anos de idade, os pais foram escravos, e um dia ela trabalhou no cotonifício que empregava os pais dele. Agora ela se sustenta lavando roupa para fora e, apesar da vista fraca, colando louças quebradas. A casa de Vesta costuma estar cheia de crianças e, num sábado, Jerry as ajuda a fazer bala puxa-puxa.

Jerry curte essas visitas – até o dia em que Vesta não pode fazer o seu pagamento. Ele a avisa, mas, no sábado seguinte, ela ainda não tem dinheiro. Jerry resolve não dar atenção aos conselhos de Sam, e começa a fazer os pagamentos por Vesta. Não demora muito, está fazendo o mesmo para mais quatro clientes. Quase todo o seu salário vai para esses subsídios.

O problema de Vesta é que a filha, Pearl, que trabalha em Detroit, não está mais lhe mandando dinheiro. Vesta não tem idéia do que possa estar acontecendo, portanto Jerry escreve para Pearl. Semanas depois, ele faz a sua parada de sábado na casa de Vesta e a encontra sozinha. Jerry lhe dá um pote de geléia com uma fita amarrada em volta e lhe diz que não pode mais pagar as prestações porque o seu dinheiro está acabando e ele precisou pedir um adiamento da matrícula na escola noturna que freqüenta. Então, Vesta lhe mostra um telegrama e diz: "Pearl morreu."

Jerry desmonta e pergunta: "O que vamos fazer agora? Pearl era a nossa única esperança. Agora aposto que vamos perder. Ajude-me, sra. Battle. Ajude-me a pensar numa saída para nós. Realmente. Puxa, cara, o que vamos fazer agora? Meu Deus, o que vamos fazer com a senhora?"[3]

Jerry agora está carregando nas costas nove clientes, atrasado nas contas pessoais e da família, e sem dormir. Portanto, um pouco antes de se encontrar com Sam, ele faz um acordo consigo mesmo. Jerry faz uma relação das nove pessoas endividadas e a coloca no bolso da camisa. Se Sam pedir uma lista, Jerry lhe dará. Quando Sam vê Jerry, sente logo que tem algum problema. "Tem alguma coisa errada", ele diz. "Olheiras. Você não está levando isso muito a sério? Você *está* deixando o velho coração de fora disso, não está, Jer?"[4] Então, Sam pergunta se Jerry tem uma lista, e Jerry lhe entrega uma. Olhando para trás quarenta anos depois, Jerry se lembra do episódio assim:

> É justo, fiquei calado tanto tempo. Nove velhinhos sentiam que deviam a mim as suas vidas. Depois que Sam lesse a lista, eu sabia que ia me sentir melhor. Eu encontraria a energia para sustentar Vida em Grupo um pouco mais. Eu era, afinal de contas, legalmente responsável para Sam, aqui, e se o chefe manda entregar um inventário de culpados, ora...
> O que posso dizer? Eu tinha 19 anos. Comprava minhas próprias roupas desde os 11. Outros sujeitos da minha idade e com a metade da minha inteligência, com um décimo da motivação, já estavam na faculdade, na vadiagem, dormindo até as 11 e meia da manhã.[5]

Naquela noite, depois de contar a Sam, Jerry dormiu profundamente.

Jerry continua a recolher os prêmios, mas evita a casa de Vesta. Um sábado, ele vê um funeral na vizinhança e pensa que pode ser de Pearl – ele havia telefonado quatro vezes para Detroit e combinado para que mandassem o corpo para Vesta. Jerry junta-se ao féretro e aproxima-se de Vesta. Ela parece muito mais velha, fraca e quase cega. Vesta lhe diz: "Você veio. Eu sabia. E nós lhe agradecemos. Pearl ficaria feliz. Olhe, não se preocupe com aquelas outras coisas, ouviu?"[6] Vesta morre semanas depois. Jerry fica sabendo quando passa de carro pela sua casa, vê um grupo de crianças muito sérias comendo bala puxa-puxa na varanda, e nota uma coroa de flores brancas nova na porta da frente. Olhando para trás ele lembra: "Passei direto, esquecendo clientes que estavam me esperando – atravessei acelerado a cidade, as mãos tremendo no volante. Senti como se uma agulha hipodérmica tivesse acabado de se enfiar sob o meu esterno, sugando."[7]

Jerry sente que precisa fazer alguma coisa e decide assistir a um funeral de negros. Ele encontra um no jornal e vai até a igreja. Durante o serviço, quando amigos se revezam para falar sobre a mulher morta, Jerry se levanta e conta para a congregação como ele se sente mal vendendo seguros-funeral. Ele confessa que entregou alguns dos seus clientes mais queridos. Ele diz: "Você tenta e salva uma pessoa que está se afogando, mas se você se afoga, também – de que serve isso para qualquer um, vocês sabem? ... Certo, eu queria fazer uma faculdade, mas não pisando nas cabeças dos outros."[8] Quando Jerry termina, o ministro e alguns paroquianos tentam confortá-lo. Então, Jerry coloca todo o seu dinheiro – cerca de noventa dólares –, o seu livro de cobrança de seguros e as chaves do carro na caixa de coleta e diz que deseja criar uma bolsa de estudos em homenagem a Miss Lila, a mulher que está sendo enterrada, e sai da igreja.

O ministro da igreja de Miss Lila devolve logo tudo que Jerry deu e, poucas semanas depois, ele larga o emprego na seguradora. Ele avisa os clientes de que o próximo coletor talvez não seja tão compreensivo. Sam diz a Jerry que ele entregou menos clientes atrasados do que qualquer coletor que ele se lembre. Sam oferece a Jerry uma dose do uísque que tem guardado na sua mesa, e Jerry aceita.

Jerry termina a sua história com uma lista de nove clientes que ele entregou. Ele ainda se lembra dos nomes, quarenta anos depois. No fim da história, ele escreve: "Eu não sei – tenho me atormentado por causa disso, sentindo essa aflição todos estes anos. Quero dizer, basicamente, não sou um homem tão ruim assim, sou? Sou?"⁹

QUESTÕES DE CARÁTER

Duas coisas são surpreendentes no relacionamento de Jerry com Vesta. Uma é a culpa que ele continua sentindo, anos depois de a conhecer e apesar de tudo que fez por ela. A outra é a forma distinta e forte como o relacionamento dos dois molda a vida de Jerry. Isso porque Vesta é um modelo, mas não do jeito convencional. Ela não é uma figura imponente, distante e histórica que dê uma vaga idéia de inspiração. Nem ela é alguém que conseguiu fazer alguma coisa que Jerry aspirasse fazer e lhe ensinou o caminho.

O que, então, é um bom modelo para alguém que almeje fazer uma diferença na vida? Não existe uma resposta abrangente para essa pergunta, mas o relacionamento de Jerry com Vesta nos dá uma perspectiva provocante. Isso porque Vesta não inspira Jerry simplesmente dando exemplo de um estilo de vida que satisfaça as suas profundas necessidades. Ela também o perturba e persegue durante grande parte da sua vida. E, exatamente porque Vesta é uma figura tão perturbadora na vida dele, ela o incita ao sucesso pessoal e profissional. A melhor maneira de se compreender o papel de Vesta na vida de Jerry e refletir sobre paralelos na própria experiência pessoal é tentando responder a cinco perguntas.

O meu modelo satisfaz necessidades profundas?

Por que Jerry tem um sentimento tão forte com relação a Vesta, quarenta anos depois? Ele sente que falhou com ela, mas na verdade ele fez coisas extraordinárias para cuidar dela. Ele fez isso mesmo sendo jovem e com pouco tempo ou dinheiro, e perseverou apesar dos avisos de Sam, das normas raciais da sua época e das pressões da sua própria vida. Reconheceu o que Vesta precisava e assumiu a responsabilidade de ajudá-la. Não obstante, quatro décadas depois, ele ainda sofre se lembrando de Vesta.

Em parte é porque Jerry assumiu responsabilidades demais muito jovem. O peso emocional da doença dos pais deve ter sido enorme. De noite, ele ouvia os dois tossindo no quarto ao lado, o que o fazia lembrar que a doença os estava matando. Jerry assumiu não só os pagamentos de Vesta, mas também a responsabilidade de trazer o corpo da filha de volta para casa e de pagar os prêmios de mais oito pessoas. Além disso, ele lutava contra a política dos seus patrões, que não podia mudar. Em outras palavras, Jerry era um rapaz de dezenove anos mergulhado em problemas. Decepcionar Vesta foi um penoso golpe emocional num momento de verdadeira vulnerabilidade. Isso o deixou confuso, o que explica a sua bem-intencionada, porém bizarra, intromissão no funeral de Miss Lila.

Mas por outro lado, também, a dor de Jerry é porque ele sente que tem uma dívida enorme com Vesta, entretanto, dado que ela já morreu faz tempo, não tem como reparar isso. Ajudou Vesta a continuar os seus pagamentos, a localizar a sua filha e trazer o seu corpo para casa, mas ele sente que a dívida ainda é maior, porque ela influenciou profundamente a sua vida.

Jerry era um homem muito carente. Sua família era pobre e vulnerável. Ele sabia disso muito bem e se sentia culpado por não estar fazendo mais. Tinha medo também de ser sugado, como todos à sua volta, num redemoinho de fracassos. Ele não tinha a visão ingênua de que a riqueza resolveria os seus problemas, contudo sabia que ajudaria a evitar a dor e o sofrimento. Num sentido mais profundo, Jerry precisava também de pais – ele passou grande parte da sua vida sendo pai dos próprios pais por causa da doença deles. E era um rapaz talentoso, cheio de ambição, que queria ter sucesso na vida, mas seus pais e vizinhos eram gente triste, derrotada, mais ou menos como Sam, e dificilmente serviam de inspiração para Jerry.

Samuel Johnson, o grande moralista britânico, começou o seu famoso poema "A Vaidade dos Desejos Humanos" descrevendo a vida como "um nebuloso labirinto do destino". Essa imagem complexa soa pessimista, mas muita gente, como o jovem Jerry, enfrenta assustadores e incertos desafios. Quando Jerry aceita o emprego na companhia de seguros, está se esforçando muito e precisando demais de orientação e exemplos que lhe dêem incentivo. Mas ele aceita, mesmo sabendo que está ajudando uma empresa a explorar pessoas pobres e vulneráveis. Algo nesse trabalho o fascina. Ele dá ao rapaz pobre e impotente uma sensação de poder – Jerry sente que tem nas mãos a felicidade dos seus clientes –, e o leva a atravessar barreiras raciais profundamente entrincheiradas até as vidas e lares de pessoas muito diferentes dele.

O jovem Jerry está lutando para dar um sentido à sua vida. Talvez sinta, bem no íntimo, que essa é uma batalha perdida – até encontrar Vesta e ela se tornar a sua guia. Vesta mostra a Jerry resignação e força, assim como afeto e bondade. Por conseguinte, ao mesmo tempo que ele ostensivamente cuida de Vesta, ela está cuidando dele, preenchendo uma boa parte do grande vácuo emocional na vida de Jerry. Ela lhe dá o cuidado paterno que seus próprios pais não puderam dar, e lhe dá esperança. O relacionamento de Jerry com Vesta é um exemplo nítido do ditado budista: "Quando o discípulo está pronto, o mestre aparece."

Não só isso, mesmo sendo pobre, velha e vítima da discriminação a vida inteira, Vesta criou uma família, ainda se sustenta e tem economizada, nas suas apólices de seguro, uma notável quantidade de dinheiro. E o mais importante para Jerry, ela se porta com dignidade e segurança – ao contrário de quase todos na vida dele. Se Vesta pode superar tantas adversidades, ele também pode.

Diante disso, Vesta poderia ser chamada de modelo, mas a definição-padrão não se encaixa muito bem no seu perfil. Suas virtudes são claras – Vesta é honesta, vive com simplicidade, porta-se com tranqüila dignidade e parece em paz com o seu mundo –, mas Jerry não imitou esses traços. Aos 59 anos, está angustiado com o modo como tratou Vesta e com outras escolhas que fez na vida. Em vez de viver com simplicidade, ele construiu uma enorme casa de verão que sua mulher chama de "Taj Mahal". Em outros sentidos, o exemplo de Vesta deu pouca coisa para Jerry copiar. Ela o ajudou a trocar o pneu, ofereceu-lhe chá e segurança, perdoou-lhe quando ele não pôde mais pagar os prêmios e lhe agradeceu por ter ajudado com Pearl. Esses foram atos simples de bondade, e Jerry já era um rapaz de bom coração, como o cuidado com os pais mostrava. No mínimo, ele imaginava se seria forte o suficiente para vencer no mundo.

No entanto, mesmo não sendo um modelo convencional, Vesta representa um papel crítico na vida de Jerry e faz isso ajudando-o a satisfazer algumas das suas necessidades profundas. Essa é uma razão importante para ele se sentir tão culpado ao se lembrar dela, apesar de tudo que fez por Vesta. Ela mudou a sua vida. Psicológica e emocionalmente, ela talvez tenha salvado sua vida. E isso, ele sente, cobra dele uma dívida enorme, que ele jamais poderá pagar.

O que o meu modelo evoca em mim?

Vesta não é simplesmente um exemplo *para* Jerry; ela também evoca coisas importantes *nele*. Através do seu relacionamento com Vesta, Jerry aprende muitas coisas sobre si mesmo, e o que ele aprende muda a sua vida.

Uma lição crucial nasce das longas semanas em que ele vive agoniado, no seu esforço para ajudar Vesta e os outros clientes que está sustentando, e da sua tristeza e culpa com a sua morte. Essa lição escancara-se, de uma forma um tanto desconcertante, quando Jerry diz aos pais que deu o seu carro e o seu dinheiro no funeral de Miss Lila. A mãe diz que ele sempre teve coração mole. Jerry, que em geral trata os pais com infinita bondade, retruca dizendo: "É a única parte de que eu gosto. É duro – e o resto é piegas e dispensável. Não diga 'mole'."[10]

Mais tarde, Jerry reformula a sua difícil lição e a usa como guia na sua escolha de carreira. Conforme diz, ele não quer ter sucesso "pisando na cabeça dos outros".[11] O talento, a ambição, a ética profissional e o diploma de advogado fazem dele um candidato atraente para trabalhar em empresas, mas as suas duas experiências em grandes companhias, a de seguros e a fábrica local, o fazem pensar que não pode viver de acordo com esse princípio básico trabalhando numa grande empresa. Então vira empreendedor, monta a sua própria companhia e dedica sua vida profissional a construir um negócio eticamente responsável.

Jerry orgulha-se de sua lavanderia não magoar ninguém. Ele diz: "Fiz tudo isso de forma consciente: lavar ajuda as pessoas, certo? As minhas 41 instalações em Carolina-Virgínia estão abertas para todos – todos que tenham algum trocado no bolso e a vontade de continuar limpos. Quem contesta a beleza e o valor de uma camisa social 100 por cento de algodão limpa, passada, nova e no cabide, pronta para ser usada? Como alguém pode sofrer por causa disso?"[12]

A preocupação de Jerry com os pobres e vulneráveis e a sua relutância em causar sofrimento aos outros expressam-se numa invenção que patenteia. É um coletor de moedas que permite aos donos de lavanderias automáticas escolher quanto exatamente irão cobrar para lavar e secar, e assim eles podem alterar seus preços sem ter de comprar novos coletores de moedas. Na visão de Jerry, isso permite aos donos cobrarem o que parece justo. Jerry também abre as suas lavanderias automáticas para gente de todas as raças e cores – atitude ousada num sul fortemente segregado da década de 1950. Os seus íntimos relacionamentos com Vesta e com seus outros clientes pelo visto o ajudaram a transcender a intolerância da "vida em grupo" que Sam lhe havia recomendado.

Fora do trabalho, Jerry dedica um tempo como consultor num processo classista contra a fábrica de algodão. Conseqüentemente, a fábrica instala sistemas de purificação de ar e paga salários a ex-trabalhadores com doenças pulmonares. A morte dos pais certamente o motivou, mas a influência de Vesta também pode ter funcionado. Afinal de contas, ela também tinha trabalhado na fábrica, e nascera escrava, propriedade dos primeiros donos da fábrica.

A história de Vesta e a sua vida dura despertam em Jerry sentimentos de raiva e solidariedade que o sofrimento dos pais não causaram. Depois de uma conversa com Vesta, Jerry lembra: "Primeiro fiquei deprimido e, então, aos poucos, fiquei louco de raiva. Não com ela agora, mas por causa dela. Por nossa causa. Descansando ao lado da sua cadeira de balanço desconjuntada, bebericando chá morno, ocorreu-me: os ex-donos de Vesta Lotte Battle ainda eram em grande parte donos dos meus pais alquebrados e ofegantes. Eu queria matar alguém naquela época, sair matando as pessoas responsáveis por todos nós."[13]

Vesta ajuda Jerry a se olhar de outro modo, realista e vigoroso: ele não é apenas um menino branco cuidando de uma velha negra bondosa ou um membro em ascensão da baixa classe média que, por acaso, conheceu alguém desesperado e permanentemente pobre. Jerry sente uma afinidade com Vesta e com seus pais como um ser humano, vitimizado e sofredor. Ele resolve fazer alguma coisa a respeito e faz – com o negócio que monta, com o modo como o dirige e com o ativismo comunitário.

O modelo oferece desconforto?

Ao olhar para trás na sua vida, aos 59 anos de idade, Jerry usa uma frase curiosa. Ele diz que foi ético "quase o tempo todo". De fato, o coletor de moedas que patenteou tinha sido inventado por um estudante que trabalhou um verão com ele, e Jerry ainda se preocupava porque o rapaz não recebera o seu crédito.

Em outras palavras, ele talvez tenha tido sucesso pisando na cabeça de alguém.

Não só isso, a filha vive com um homem negro, mecânico de companhia aérea, em St. Louis, e Jerry se sente constrangido por causa disso. Talvez o problema seja a filha não estar casada com o namorado, mas ele também parece incomodado com o relacionamento inter-racial da moça. Com Vesta, Jerry não dava importância a diferenças raciais, e suas lavanderias estão abertas para qualquer pessoa, mas talvez o preconceito racial esteja agora manchando a sua vida familiar.

Como modelo, Vesta dá a Jerry uma nítida e permanente dose de sofrimento, e isso prova ser um forte antídoto para as rotinas e confortos eticamente soporíficos de uma vida de classe média bem-sucedida. Mesmo quarenta anos depois de ter conhecido Vesta, e mesmo depois de uma carreira de sucesso e significativo serviço comunitário, Jerry continua inquieto. Isso em parte pelo que deixou de fazer por Vesta. Mas Vesta também o fez pensar a respeito de como ele vivia a sua vida e tratava pessoas que eram diferentes dele ou menos poderosas.

Vesta poderia ter tido mesmo toda essa influência? Jerry descobre que não pode refletir sobre a sua vida sem idéias e sentimentos recorrentes relacionados a ela: é Vesta quem perturba a sua paz. Isso acontece porque ela desperta sentimentos e idéias com os quais ele luta durante meses num momento crucial e vulnerável da sua vida. Em particular, Vesta o apresenta à complexidade moral. Ela lhe dá uma compreensão direta, pessoal, de que uma atitude ética não é tão simples quanto seguir as regras – afinal de contas, as regras da companhia de seguros exploram gente vulnerável como Vesta.

No convívio com Vesta, Jerry também aprende que ele é capaz de uma longa e séria luta moral e que essas lutas o ajudam a compreender a si mesmo e o que realmente é importante para ele. Jerry tem só dezenove anos, é pobre e sobrecarregado de responsabilidades, mas encontra um jeito de cuidar de Vesta e dos seus outros clientes, pelo menos por enquanto. E acha essa experiência dura, mas gratificante. Na época, Jerry invejava os meninos ricos que freqüentavam a faculdade na sua cidade, que passavam as suas horas de folga jogando basquete no quintal, mas ele aprende que está seguindo outro caminho na vida, que é o *seu* caminho, com suas exigências, frustrações e recompensas particulares.

Um aspecto surpreendente da influência de Vesta sobre Jerry é o pequeno papel representado pela inspiração. A influência dela vem basicamente da culpa e dor que Jerry sente quando pensa nela. Conseqüentemente, ele faz escolhas de trabalho e de vida que não reviverão esses sentimentos. Culpa como um fator de motivação, principalmente para os líderes, não faz estilo. Pode indicar fracasso e culpabilidade, e poucas figuras públicas estão ansiosas para reconhecê-los. E quando líderes se desculpam por alguma coisa, em geral cercam com afirmativas do tipo "Se eu soubesse" ou "Do jeito que as coisas pareciam na época".

Mas alguns modelos valiosos são pessoas como Vesta, que nos fazem lembrar de fracassos e dívidas por pagar. O filósofo alemão Friedrich Nietzsche foi um brilhante psicólogo — Freud acreditava que Nietzsche se conhecia melhor do que qualquer outro homem — e tinha isto a dizer sobre o papel da dor nas nossas vidas: "Se algo vai ficar na memória, deve ficar gravado a fogo; só o que não pára de doer permanece na memória."[14] Jerry termina a longa reflexão sobre a sua vida e o seu convívio com Vesta perguntando: "Todos temos os nossos crimes. Certo?"[15]

Desconforto, tensão ou até culpa e dor podem ser indicadores de indivíduos que moldaram a vida de alguém. Como vimos, a herança de Vesta para Jerry foi uma dádiva de desassossego. A vida dele não é moldada pelo olhar para o passado e sentir-se bom por tudo que fez voluntariamente, com um grande custo pessoal, para ajudar Vesta. É moldada pelo remorso e pela culpa. Como diz Nietzsche: "A dor é a ajuda mais eficaz para a mnemônica."[16]

Tenho modelos com os pés na Terra?

Desde o ensino fundamental somos incentivados a procurar modelos entre os grandes personagens da história. Homens e mulheres exemplares que com freqüência mudaram o mundo, muitas vezes com um grande custo pessoal. Eles viveram e às vezes morreram por causa do seu compromisso com valores importantes. Podemos aprender muito com essas figuras heróicas – suas vidas dramatizam valores importantes –, mas eles jazem em pedestais. Seus desafios, virtudes e proezas estão muito distantes do cotidiano de quase todos.

Confúcio certa vez sugeriu um modo drasticamente diferente para encontrar e aprender com modelos. Recomendou olhar para a direita e para a esquerda, querendo dizer olhar para as pessoas à nossa volta – mesmo que não pareçam estar fazendo grandes coisas –, e tentar aprender com elas, como Jerry olhou e aprendeu com Vesta. O conselho de Confúcio foi buscar "o autoconhecimento extraído da experiência cotidiana".[17] Observe como é diferente essa abordagem. Ela também diz para olhar, não para as virtudes e traços que podemos copiar, mas para o autoconhecimento. Isso é exatamente o que Vesta faz para Jerry. Ele não tenta seguir o exemplo dela. Ele não observa, por exemplo, que Vesta é honesta, percebe que precisa ser mais honesto e depois age de acordo.

Vesta dá a Jerry o que muita gente e muitos líderes precisam: um exemplo testado, vívido, com os pés na terra, de alguém que realmente fez o que quer e necessita muito fazer. Todos ouviram as listas-padrão de virtudes que devem conduzir a uma boa vida e ao sucesso no trabalho – prudência, coragem, justiça e temperança, junto com muito trabalho, honestidade e respeito pelos outros –, mas isso é abstrato e geral. Jerry precisava de um exemplo vivo do que tinha de ter para viver a vida a que aspirava. De fato, ele precisava demais desse exemplo: seus pais eram pessoas boas, mas tinham sido esmagados, ele poderia facilmente ter se tornado uma pessoa cínica e fatalista.

Felizmente, Jerry fica conhecendo Vesta como outra pessoa, e não como uma figura heróica inspiradora e abstrata. Ele experimenta uma ampla gama de sentimentos por Vesta e por si próprio. Ele se preocupa com Vesta, admira a sua tenacidade, desconfia às vezes de que ela esteja se aproveitando dele, e fica zangado e frustrado porque ela não pode fazer os seus pagamentos e está colocando mais pressão em cima dele. Ele tinha um certo respeito por ela ter começado a vida como escrava, e num determinado ponto diz – um modo um tanto constrangedor para um rapaz branco falar de uma mulher negra idosa – que sentia como se fosse dono dela.

Jerry estava aprendendo – intensamente – com a experiência comum. A grande vantagem dessa abordagem prática é que suas lições são vívidas, reais, intensas e até penosas. Algumas pessoas podem aprender com figuras históricas ou ter suas vidas alteradas por homens e mulheres carismáticos. Mas vislumbres inspiradores de grandeza não é o mesmo que lições extraídas, como as de Jerry, de indivíduos que compartilham nossas vidas e experiências. É por isso que Confúcio aconselha a quem está buscando aprender o que é virtude e o que é vício a procurar, não muito acima delas mesmas, mas à sua direita e à sua esquerda.

Um executivo altamente respeitado certa vez me contou: "Não sei se procuramos modelos nos lugares certos e às vezes negamos modelos colocados no nosso caminho, talvez por uma razão." Felizmente, Jerry está pronto quando Vesta aparece, mesmo não compreendendo por que ela o atrai tanto. Muita gente procura modelos entre figuras heróicas e depois se decepciona se tiverem os pés de barro. Jerry, ao contrário, está disposto a aprender com alguém que ele conhece na vida comum.

Jerry faz isso com Sam assim como com Vesta. Sam gosta de Jerry e quer que ele tenha sucesso, e deixa Jerry constrangido incitando-o a pensar bem sobre o que deseja da vida e o que pode realisticamente esperar alcançar. Por exemplo, quando Jerry lhe entrega a lista, Sam lhe diz:

> Sabe qual é o seu problema? Veja só, você é como Charles Chaplin ou esse Paul Robeson ou Mrs. Roosevelt, quem sabe – você quer ser tudo para todos, mas não pode. Ninguém pode. Escolha talvez quatro, seis, importantes. Pense neles como vagas de empregos que você preencheu. Você pega esse punhado, depois é melhor esticar o pescoço – mas só por eles. O resto você deixa passar. Você tem de seguir, Jerry.[18]

Jerry não gosta de ouvir isso, mas relembra décadas mais tarde. Não foi um sermão ou um discurso num feriado patriótico. Sam era um homem triste, alcoólatra, derrotado, mas foi uma pessoa importante no dia-a-dia de Jerry durante muitos meses. Como Vesta, ele deixou Jerry constrangido e o fez lutar. De fato, a vida de Jerry pode ser vista como uma longa busca para conciliar as verdades dissonantes e penosas que aprendeu nos seus relacionamentos íntimos e cotidianos com Vesta e Sam.

Tenho modelos do tipo "restauro"?

Uma das lembranças vívidas que Jerry tem de Vesta está relacionada com uma tabuleta de madeira na porta da sua casa. Tinha o formato de um bule de chá, rosa-claro, e rachaduras pintadas em preto em todo ele, junto com as palavras "Restauro". É assim que Vesta anunciava uma das maneiras como ela se sustentava, consertando louças quebradas.

Um dia, Vesta mostra a Jerry um andaime em miniatura que construiu em torno de uma sopeira parcialmente reconstruída. Nos sábados seguintes, Jerry a observa trabalhar. Consertos requerem uma paciência extraordinária e uma atenção minuciosa aos detalhes. Vesta usa uma grande lente de aumento para examinar centenas de minúsculos fragmentos, cada um precisa ser colado exatamente no lugar certo. Finalmente, Vesta ressuscita a sopeira. Quando Jerry pergunta se a peça ainda pode ser usada para servir sopa, ela responde: "De que adiantaria se não servisse? Não é para sopa?"[19] Quatro décadas depois, Jerry ainda a vê, sentada à sua mesa, trabalhando.

Por que essa lembrança é tão vívida? Existem duas respostas para esta questão que nos ajudam a compreender de que é feito um bom modelo para líderes. Uma resposta é a interpretação pessoal de Jerry sobre as restaurações de Vesta. Ela aprendeu essa habilidade quando menina, com uma missionária que servira na China. O teste final da sua professora, como Vesta lembrou, foi este: "Você escolhia pessoalmente um ovo de galinha e pulava em cima, depois você mesmo o reconstruía para que parecesse inteiro a olho nu. Excelente treinamento para o mundo."[20]

A memória de Jerry enfeitou a história – o melhor restaurador não passaria nesse teste –, mas para ele nela está contido o que o filósofo William James chamou de "nosso sentido mais ou menos embotado do que a vida significa honesta e profundamente... nosso modo individual de ver e sentir apenas a pressão total do cosmo".[21]

A história de Vesta deixa explícita a idéia de Jerry de que o mundo pode ser muito cruel. Às vezes a crueldade é externa, aleatória e inevitável. Os pais dele, por exemplo, tiveram poucas opções de trabalho e nenhuma idéia de que a fábrica de algodão arruinaria os seus pulmões. Às vezes, os indivíduos infligem sofrimento a si mesmos, como Jerry quando aceita o emprego na companhia de seguros apesar dos avisos de Sam e dos seus próprios temores.

Mas nem Jerry nem Vesta são fatalistas. Ambos acreditam que os indivíduos podem catar os pedaços e montar as coisas de novo. "Restauro" também mostra a Jerry o poder da determinação e da autoconfiança, mesmo diante de forças externas impiedosas ou das tendências autodestrutivas dentro de cada um de nós. Jerry acaba montando um negócio de sucesso, cria uma família e tenta consertar os erros cometidos com seus pais.

Como Jerry, os líderes precisam de modelos com uma abordagem do tipo "Restauro", com relação à vida e ao trabalho. Liderar uma organização significa lidar com um fluir interminável de problemas e desafios, e a liderança não exime ninguém das dores e das frustrações da vida ou de feridas auto-infligidas. Uma atitude de confiante pragmatismo leva homens e mulheres a perseverar, lutar e encontrar meios de resolver os desafios que enfrentam.

Mesmo aos 59 anos, Jerry precisa de uma dose do espírito "Restauro". Para outras pessoas na sua comunidade, parece um homem de negócios e líder comunitário responsável e bemsucedido, mas Jerry é um homem infeliz que não consegue se liberar. Ele passa muito tempo meditando, sem fazer muito progresso. A melhor alternativa para Jerry é agir de acordo com as eficazes lições aprendidas com Vesta. Ele é próspero, talentoso e aposentado, e o mundo à sua volta tem inúmeras necessidades não satisfeitas. Quando ele era jovem, pobre e oprimido, fez muita coisa por Vesta. Naquela época, como agora, ele se sentia mal com relação a ela. Mas, aos dezenove anos, Jerry fez muito mais do que refletir e lutar. Exigiu muito de si mesmo e fez verdadeiros sacrifícios para ajudar Vesta e seus outros clientes. Preferiu agir em vez de ficar meditando. E, durante uma boa parte do resto da sua vida, preferiu agir: ajudar a criar uma família, montar uma empresa responsável e de sucesso, e trabalhar na ação coletiva contra a fábrica.

Agora, em vez de procurar meios de mitigar sua culpa, Jerry deveria perguntar por que está sentindo isso depois de tantos anos. A sua aposentadoria, com toda a probabilidade, é a causa. Agora que se aposentou e vive no seu "Taj Mahal", ele nao faz mais nada para expressar e viver as importantes lições que aprendeu quando jovem. Jerry precisa retificar o seu coração encontrando algo que valha a pena fazer – para os outros, não simplesmente para si próprio – e começar a agir.

Jerry aprendeu, com Vesta e com todo o tempo que passou com os pais, que ele valorizava profundamente o serviço pessoal prestado aos outros. Os últimos anos da adolescência foram difíceis – os pais estavam doentes, a família era pobre, e Jerry às vezes estava à beira do esgotamento físico e emocional –, mas essa época dura foi valiosa e importante. Jerry estava assumindo responsabilidades e aprendendo lições que ficariam gravadas no seu caráter para sempre. Embora tivesse apenas dezenove anos, estava liderando – não no sentido convencional de dirigir uma organização, mas no fundamental de fazer uma diferença no mundo.

Um conselho antigo diz aos jovens para pensarem em suas vidas como tendo três fases: aprender, ganhar e servir. Esse conselho é ao mesmo tempo realista e desanimador. Começamos a vida na escola, e a maioria das pessoas em seguida passa décadas ganhando a vida. Isso tende a deixar o serviço para os últimos anos. Mas com Jerry é diferente. Quando rapaz, aprendeu e serviu, e acabou percebendo o quanto valorizava o serviço extenuante prestado aos outros. Essa talvez tenha sido a lição mais profunda que aprendeu no seu relacionamento com Vesta. Foi uma lição sobre quem *ele* era, não quem era ela. Vesta ensinou a Jerry sobre ele mesmo, e ele agora precisa substituir os pensamentos angustiados pelo serviço ativo.

Vesta era uma velha quando Jerry a conheceu, e ele agora está se aproximando da sétima década da sua vida. Quando conheceu Vesta, ela já se entendia com a sua vida e consigo mesma. Ela projetava uma sensação de tranqüila autoconfiança e calma. Traços que atraíram o jovem e emocionalmente turbulento Jerry, mas que também eram traços sobre os quais ele devia refletir agora e tentar desenvolver na sua própria vida. Talvez dedicar um tempo substancial a algum tipo de serviço comunitário pudesse ajudá-lo a realizar isso e a aprender com esse modelo inquietante uma última lição – sobre paz pessoal e autoaceitação.

A LIDERANÇA DE VESTA

Bons modelos fazem as pessoas lutarem, e a ausência de luta pode levar a graves problemas. Willy Loman tem vislumbres ocasionais de realidade, e Linda procura gentilmente lhe mostrar as coisas como realmente são, mas Willy prefere os seus sonhos anestesiantes. A alternativa de Okonkwo à tensão e ao autoquestionamento é o trabalho incessante ou a raiva e a violência. Em contraste, a vida de Jerry é elevada pelo seu profundo e complexo relacionamento com Vesta. Mesmo depois de quarenta anos, o exemplo dela ainda o provoca e inquieta, e lhe pede para analisar e talvez mudar a sua vida.

Vista desse modo, Vesta é exemplo de um tipo de líder não convencional, mas extraordinário. Ela não foi uma heroína. Não se sacrificou por uma boa causa, não fez discursos inspiradores nem jamais figuraria num livro de história – como diz Jerry "ela jamais salvou o mundo livre".[22] No entanto, a autocompreensão e os sentimentos que ela despertou nele continuaram influenciando-o décadas mais tarde.

Líderes assim são fáceis de passar despercebidos porque o seu impacto só é sentido anos ou décadas depois. A sua liderança brotou, não de atitudes ousadas ou frases memoráveis, mas das sementes que ela plantou e nutriu nas vidas alheias. Sementes que prepararam Jerry para a vida de um modo peculiar: elas o deixaram desconfortável e o impeliram, em vários momentos da sua vida, a se esforçar para compreender quem ele realmente era e como deveria viver.

Vesta, é claro, era muito diferente de Jerry, mas isso costuma acontecer com modelos inquietantes e líderes pouco ortodoxos. Um gerente que conheço me contou que o seu modelo e herói foi uma irmã mais velha, que morreu no fim da adolescência. Ela havia lutado, desde o nascimento, com várias deficiências e não andava nem se comunicava muito bem. Mas tornou-se "o epicentro social e espiritual" da família, e "mesmo enquanto se esquivava da morte e lutava para continuar vivendo dia a dia, estava mais preocupada com aqueles a sua volta do que consigo mesma".

Mas modelos, embora influenciem líderes, não podem fazer mais do que isso. Alguns inspiram e guiam; outros criam desconforto e intranquilidade. Em todos os casos, a influência deles depende de o líder na verdade se importar em notar e reagir ao exemplo deles.

Mas o que significa importar-se? Com que os bons líderes realmente se importam? E há ocasiões em que os líderes se importam muito – como Jerry deve ter feito quando se esgotou física e financeiramente para ajudar Vesta? Porque a ficção séria nos permite olhar fundo dentro dos indivíduos, ela é um modo muito eficaz de tratar essas questões importantes. O capítulo a seguir usa um extraordinário estudo sobre um executivo sênior, *O último magnata*, de F. Scott Fitzgerald, para procurar as respostas.

CAPÍTULO 4

Eu realmente me importo?

SE LIDERANÇA SIGNIFICA fazer uma diferença no mundo, a literatura séria sugere que esse esforço seja com freqüência uma longa e estafante caminhada. Jerry construiu um negócio de sucesso, mas levou décadas para chegar lá. Okonkwo, apesar das suas desvantagens iniciais, tornou-se um líder respeitado na sua aldeia, mas só depois de quinze anos de labuta. Até as autênticas realizações de Willy Loman, tal como sustentar a família durante a Grande Depressão, exigiram décadas de trabalho duro e muitas vezes não recompensado.

Os antigos gregos compreenderam que o trabalho de líderes exige paciência, coragem e tenacidade, durante meses e anos a fio. Ao longo dos séculos, repetiram e enfeitaram um conto que acabou virando um famoso poema épico, a *Odisséia*. É o relato de como Ulisses lidera seus homens numa jornada de dez anos, retornando das planícies de Tróia para casa. Durante a expedição, eles não encontram atalhos, a rota é pontilhada de distrações e seduções, e não têm garantia de sucesso nem estão isentos da má sorte. Ulisses acaba trazendo a sua tripulação de volta para as suas famílias – mas sem o seu ardor, sua tenacidade e dedicação, eles teriam morrido.

Como líderes e aspirantes a líder sabem se realmente se importam em tornar reais os seus sonhos? Essa pergunta aparece pela primeira vez no início de uma carreira. Muitos jovens esforçam-se para deixar em aberto as suas opções, mas no fim precisam decidir que caminho na vida é de fato importante para eles e colocar o seu empenho em segui-lo. Uma vez feito isso, a questão da importância surge repetidas vezes – pelo menos para os homens e mulheres que almejam fazer uma diferença no mundo. A razão é simples: o mundo costuma resistir a mudanças reais, e resiste muito. Conforme Maquiavel diz em *O Príncipe*: "Nada é mais perigoso ou difícil do que introduzir uma nova ordem de coisas."[1] As vidas de grandes líderes confirmam a observação de Maquiavel. Nas fotografias de Abraham Lincoln nos seus últimos anos de vida, vemos a labuta e a dor gravadas cada vez mais fundo no seu rosto. Lincoln importava-se muito, e o preço que ele pagou foi alto. Mas líderes atuando bem longe do palco principal da história carregam o mesmo peso. Seus objetivos podem ser modestos, mas seus meios também o são, portanto com freqüência precisam brigar muito pelo que é importante para eles.

Para compreender o papel crucial da dedicação na obra de líderes, este capítulo examina de perto *O último magnata*, originalmente publicado como *O amor do último magnata*, um romance sobre um homem de negócios extraordinariamente bem-sucedido. Fitzgerald começou a escrever esse livro em 1939, e inspirou-se demais na sua experiência como autor de roteiros em Hollywood e na vida de Irving Thalberg, que liderou a MGM durante a década de 1930 e fez dela o estúdio mais prestigiado da cidade do cinema. Fitzgerald morreu do coração antes de terminar o romance, mas não antes de criar Monroe Stahr, um dos mais fascinantes e complexos executivos empresariais da ficção americana.

Quando conhecemos Monroe Stahr, ele está no auge do poder e do sucesso. Stahr é um homem carismático, um administrador brilhante e um ser humano piedoso. Mas o médico lhe disse que ele tinha uma doença cardíaca grave e não teria muito tempo de vida. Apesar do aviso, Stahr continua trabalhando num ritmo incansável. Por que ele faz isso? Por que não descansa e cuida de si mesmo? Ou, no jargão atual, por que Stahr não pára e vai curtir a vida? Fitzgerald não responde a essas perguntas explicitamente. Pelo contrário, ele nos deixa observar Stahr trabalhando, durante vários dias, numa série de retratos brilhantemente imaginados do dia-a-dia de um executivo sênior responsável. Fitzgerald também nos mostra o que Stahr está sentindo e pensando. No fim vemos que a escolha de Stahr é consciente e talvez até sadia, e não a atitude desesperada de um *workaholic* disputando com a morte.

Stahr está disposto a pagar o alto preço de viver e trabalhar nos seus próprios termos. Outros fazem escolhas diferentes, mas a história de Stahr ainda levanta questões difíceis para eles, se quiserem se tornar líderes. Eles se importam o suficiente com o seu trabalho? O compromisso deles reflete-se numa forte motivação para fazerem corretamente pequenas coisas e ajudar os outros a terem a mesma atitude? Compreendem o preço de se importar de verdade?

Essas perguntas estão sempre ali, sob a superfície do trabalho rotineiro dos gerentes, testando a sua resolução e caráter. Stahr vive a vida de um administrador: cada dia chega com mais uma agenda repleta, com diversas mensagens precisando de resposta, grandes e pequenos projetos exigindo empurrões, conversas duras e crises de todos os tamanhos. Quase todos os dias terminam com uma pilha de trabalho por fazer. A maior parte das tarefas requer energia, cuidado, atenção aos detalhes e alguma criatividade – porque as pessoas em geral aparecem à porta do gerente com problemas, e não com soluções. E esse fluxo de tarefas continua por meses e anos.

É por isso que retratos realistas das vidas de líderes, como *O amor do último magnata*, mostra a liderança como um trabalho longo e extenuante, e não uma aventura excitante. Mas observe a segunda palavra no título de Fitzgerald. Stahr ama o seu trabalho. Ele compreende que as suas lutas e desafios diários são uma parte inevitável e valiosa da vida que escolheu e dos sonhos que o guiam.

Stahr faz a sua escolha porque para ele o seu trabalho, as pessoas à sua volta e o estúdio que ele lidera são muito importantes. Podemos então argumentar, dizendo que ele se importa demais, mas não há dúvidas quanto à sua dedicação ao trabalho. É por isso que a sua história oferece valiosas percepções para homens e mulheres que estão tentando compreender se eles se importam o suficiente para assumir um dos difíceis compromissos da vida e persegui-lo até o fim.

O CINEMA É A MINHA GAROTA

O nome de Monroe Stahr não é por acaso. Na Hollywood da década de 1930, a era em que se passa O amor do último magnata, ele é realmente um *star*, um astro. Aos 35 anos, lidera um dos estúdios de maior sucesso no país. Seus donos, de olho nos investimentos, estão satisfeitos com os lucros; ao mesmo tempo, Stahr, quase que sozinho, "avançou a arte cinematográfica nitidamente uma década, a tal ponto que o conteúdo das 'produções classe A' era mais amplo e rico do que o do palco".[2]

Stahr é carismático, mas o fascínio pessoal tem pouco a ver com o seu sucesso. Fitzgerald sugere que, nos negócios, a causalidade corre no sentido oposto: sucesso e poder conferem carisma. Monroe Stahr, um homem esguio e de aparência delicada, de cabelos escuros e encaracolados, não se distinguiria no meio de uma multidão. Ele sabe ser agradável, até charmoso, quando quer, mas o seu sucesso e o seu carisma vêm da sua extraordinária capacidade administrativa. Stahr também tem um talento para contar histórias e fazer cálculos financeiros complicados de cabeça, o que lhe conquistou a atenção e o respeito desde cedo na carreira. Acima de tudo, ele tem uma enorme capacidade de trabalho – ele é visto como um dos homens mais trabalhadores da Califórnia. A maioria dos gerentes de sucesso trabalha muito, mas Stahr é único na sua classe. Ele gosta de dizer, "o cinema é a minha garota". Stahr passa longos dias no estúdio, depois vai para eventos noturnos e volta para casa para ler roteiros de cinema ou assistir a filmes. Ele sempre trabalha sete dias na semana.

Muita gente que conhece a história de Stahr acha que ele se exigiu demais, arruinou a saúde e se esqueceu da vida pessoal. Essa visão faz de Stahr um triste e simplista garoto-propaganda para o slogan de que ninguém jamais morre desejando ter passado mais tempo no escritório. Mas essa abordagem nos diz apenas que Stahr se sacrificou demais. Não diz por que fez tantos sacrifícios.

Na realidade, Stahr é um homem prestativo, honesto, humano, que compreende as suas escolhas — não uma máquina funcionando no piloto automático. Ele pensa explicitamente em mudar a sua vida e até toma algumas atitudes nesse sentido. Mas depois pára. Essa decisão levanta questões cruciais para todos os líderes; a fim de compreendê-las, precisamos analisar um episódio crítico na vida de Stahr.

Uma noite, um forte terremoto chacoalha o estúdio de Stahr. Enquanto lidava com as providências de emergência, ele nota uma jovem mulher, Kathleen Moore, que o faz lembrar a esposa falecida. Ele passa a sair com ela, e os dois começam a se apaixonar. Stahr logo fica sabendo que Kathleen está noiva de outro homem, que está vindo para Hollywood dali a alguns dias. Kathleen não está realmente apaixonada por esse homem e não sabe o que fazer.

Stahr percebe que o relacionamento dos dois é uma chance para ele começar de novo. Numa sexta-feira tarde da noite, ele quase lhe diz o que sente. E diz para si mesmo: "É a sua chance, Stahr. Melhor aproveitar agora. Esta é a garota para você. Ela pode salvá-lo, pode trazer você de volta para a vida."[3] Mas ele hesita e resolve pensar até o dia seguinte. "Vamos às montanhas amanhã", ele lhe diz, que é o mais perto que chega de lhe dizer o que sente.[4]

Stahr hesita, explica Fitzgerald, porque "milhares de pessoas dependiam do seu julgamento equilibrado — não se pode de repente apagar uma característica segundo a qual você viveu vinte anos".[5] O dia seguinte é um sábado, e Stahr vai trabalhar. Depois do almoço, por volta das duas horas, ele está com uma pilha de telegramas para responder, o correspondente em 1930 dos infindáveis e-mails de hoje. Ele lê que "um navio da empresa estava perdido no pólo Norte; uma estrela caíra em desgraça; um escritor estava acionando para receber um milhão de dólares".[6] O último telegrama é de Kathleen. Diz que o noivo voltou naquela manhã e eles se casaram ao meio-dia.

Com a morte de Fitzgerald, não sabemos ao certo o que acabou acontecendo com Stahr e Kathleen. As notas de Fitzgerald para os capítulos restantes fazem Stahr morrer num acidente de avião, durante uma briga com outro executivo do estúdio e alguns agitadores sindicais. Fitzgerald poderia ter mudado esse final, mas a trajetória básica que imaginou para Stahr era clara. Em vários pontos do livro, Fitzgerald compara Stahr a Ícaro, o personagem da mitologia grega que faz asas de cera para fugir da prisão. Apesar das advertências do pai, Ícaro voa perto demais do sol, as asas derretem, e ele morre na queda. Mas Stahr e Ícaro são diferentes de uma forma crítica. Ícaro voou perto demais do sol por pura excitação, num intenso momento de paixão ou êxtase: o próprio perigo do vôo era parte do seu fascínio.

Os motivos de Stahr são diferentes. Ele se exige muito, com freqüência severamente, porque importa-se demais e, de muitas maneiras, admiravelmente, com o seu trabalho. Num determinado momento, ele diz a Kathleen: "Você faz aquilo para o que nasceu. Uma vez por mês mais ou menos alguém tenta me reformar, me dizer que velhice árida terei quando não puder mais trabalhar. Mas não é assim tão simples."[7] Para compreender Stahr — e muitas outras pessoas que fazem uma diferença no mundo por trabalharem muito e incansavelmente — temos de compreender o que o motiva e, mais especificamente, o que de fato é importante para ele.

QUESTÕES DE CARÁTER

A melhor maneira de compreender os motivos de Stahr é fazer e responder a quatro perguntas. São perguntas que dizem respeito a ele e, ao mesmo tempo, servem para líderes atenciosos. Nenhuma delas é fácil de responder, mas cada uma é um jeito de entender se alguém encontrou as tarefas certas na vida – tarefas que merecem o cuidado e a dedicação que qualquer conquista real exige.

Sou profundamente responsável por mim mesmo?

Uma visão comum do mundo empresarial americano é a de que as companhias são propriedade privada e que os executivos respondem aos donos das empresas para as quais trabalham. Numa tendência semelhante, a lei corporativa diz que os executivos são responsáveis pela saúde estratégica e financeira a longo prazo de suas empresas. Economistas da linha acadêmica consideram as companhias como uma caixa registradora automática: nelas só importa o dinheiro que produzem, e os executivos devem maximizar esse fluxo de caixa. Todas essas descrições tratam os executivos como funcionários glorificados. A função deles é fazer o que seus "chefes" – grandes instituições financeiras e outros acionistas – querem que façam, que é tipicamente produzir lucro. Quando os interesses de um executivo estão de acordo com os interesses dos donos, tudo vai bem.

A ficção séria faz essas concepções de gerentes e empresas parecerem afetadas e artificiais. Os líderes de carne e osso nesses livros são fortemente motivados, mas seus motivos são emocionais e altamente pessoais. Eles se originam no íntimo de um líder e têm pouco a ver com recompensas financeiras ou incentivos alinhados. Visto por essa perspectiva, o indivíduo que pula da cama de manhã excitado em maximizar o atual valor de um fluxo de caixa ajustado para riscos está precisando de terapia ou é motivo de sátiras.

Por quem líderes dedicados como Stahr são realmente responsáveis? A ficção séria sugere uma resposta clara: eles se sentem profundamente responsáveis por si mesmos. Desse ponto de vista, os líderes trabalham muito para mudar um mundo recalcitrante porque se desenvolvem fazendo isso. Aceitar duros desafios e testar o seu caráter não torna a vida mais fácil, menos estressante ou mais agradável. Mas torna a vida deles mais intensa, autêntica e gratificante.

Pablo Neruda, o poeta chileno, dá uma idéia dessa necessidade elementar:

Algo bateu na minha alma,
febre ou asas esquecidas,
e eu fiz o meu próprio caminho,
decifrando
esse fogo.[8]

Stahr não teria dificuldade em compreender a visão de Neruda. Ele vive a vida que escolheu. Por isso, apesar da saúde fraca e da atração que sente por Kathleen, passa os seus últimos meses de vida trabalhando tanto.

O cardiologista de Stahr, dr. Baer, compreende isso muito bem. Há meses ele vem dizendo a Stahr para tirar umas longas férias. A resposta de Stahr é que daqui a algumas semanas ele vai fazer isso, assim que as coisas se acalmarem, mas o dr. Baer sabe que não é verdade. "Não se pode convencer um homem como Stahr a parar e passar seis meses deitado olhando para o céu", diz o dr. Baer para si mesmo. "Ele preferiria morrer." Dr. Baer conheceu outras pessoas como Stahr e pensa que não só é inútil como até errado tentar mudar o seu jeito. Ocasionalmente, ele curou gente como Stahr, mas sentia que não passava de "um triunfo vazio de matar e preservar a concha".[9]

Stahr trabalha exaustivamente e se preocupa demais porque é assim que quer viver a sua vida. Ele não suporta apenas os muitos e duros desafios da liderança – ele os abraça e acredita que tornam a sua vida mais intensa, mais completa. Essa percepção ajuda a explicar por que tantos executivos de sucesso continuam trabalhando muito depois de já terem acumulado mais riquezas do que qualquer um precisa. Explica também por que tantas pessoas, em todas as camadas sociais, estão dispostas a se esforçarem mais, mesmo não recebendo para isso e quando não tem ninguém olhando. É fácil, mas errado, desprezar indivíduos como os *workaholics*. Isso sugere que realmente não se importam com o trabalho que fazem – poderiam estar montando empresas ou quebrando pedras –, mas, como Monroe Stahr, eles se importam profundamente.

Mas, quando Monroe Stahr diz ao médico que está fazendo aquilo para o qual nasceu, quer dizer fazer filmes. Com seus talentos, Stahr poderia ter tido sucesso em outras carreiras, mas não eram a sua vocação. Stahr não escolheu a sua tarefa na vida: ele a descobriu. Ele se conhecia e sabia do que de fato precisava, e agarrou firme.

Os líderes de maior sucesso encontram o trabalho no qual se desenvolvem. O grande explorador britânico, Sir Ernest Shackleton, foi um exemplo nítido desse princípio básico. No início do século passado, Shackleton surpreendeu o mundo liderando a sua tripulação de volta de um desastroso esforço para atravessar a Antártida a pé. Seu navio tinha ficado preso e depois esmagado pelo gelo, forçando-o a passar com seus homens quase quinhentos dias abrindo caminho até um lugar seguro na perpétua escuridão de um inverno polar, atravessando banquisas de gelo, e sobre águas frígidas, perigosas e inexploradas. Diante do perigo, perdidos numa infindável paisagem de gelo estéril e pontiagudo, Shackleton foi um líder brilhante. Como um dos membros da sua tripulação mais tarde expressou: "Para liderança científica, dêem-me Scott; para viagens rápidas e eficientes, Amundsen; mas quando você está numa situação sem esperanças, quando parece não haver saída, ajoelhe-se e reze por Shackleton."[10]

Mas, em terra, em tempos normais, Shackleton era um fracasso. No intervalo entre suas quatro expedições à Antártida, ele era um homem inquieto e infeliz. Shackleton tentou diversas aventuras comerciais, e todas fracassaram. De fato, poucos anos depois da aventura épica que o tornou famoso, Shackleton levantou fundos para outra expedição ao pólo Sul. Ele chegou à Geórgia do Sul, na extremidade sul da América do Sul, e aí morreu dormindo de um ataque cardíaco. Quando sua mulher soube que o corpo dele estava num vapor que ia para a Grã-Bretanha, mandou instruções para enterrá-lo na Geórgia do Sul. A mulher dele sabia o que ele sabia: que a Antártida, com sua fria, perigosa e austera beleza, era o seu habitat. Shackleton foi um líder extraordinário ali; em outro lugar, não serviu para nada.

Seres humanos podem ser surpreendentemente flexíveis e resistentes, mas os genes e as primeiras experiências de vida criam trajetórias naturais para a maioria das pessoas. Essas trajetórias podem ser amplas – Jerry não estava destinado a ser um empreendedor no ramo das lavanderias automáticas, nem Willy estava predestinado a construir telhados para viver –, mas conduziam para certas direções e não para outras. Okonkwo nasceu para ser um guerreiro e um homem importante na sua sociedade tradicional, enquanto Willy Loman jamais seria um caixeiro-viajante nato.

A idéia antiga de que todo mundo tem uma vocação ou mesmo um destino contém um elemento de verdade. Líderes bem-sucedidos tipicamente encontraram um lugar onde podem trabalhar com paixão, cuidado e dedicação. Os antigos gregos usavam a palavra *entelequia* para descrever uma força vital que move um organismo em direção ao seu mais pleno desenvolvimento. Em parte, é por isso que Stahr vive do jeito que vive. Encontrou o seu caminho no mundo e não pode abandoná-lo. Ele prospera e tem êxito como líder por causa da sua forte responsabilidade consigo mesmo.

William James, o filósofo, psicólogo e estudante de religião americano, certa vez sugeriu um jeito de todos conseguirem entender o tipo de trabalho e de vida que merece a sua devoção.

James escreveu: "Já pensei muitas vezes que a melhor maneira de definir o caráter de um homem seria buscar a atitude mental e moral particular na qual, quando ela lhe ocorre, ele se sente mais profunda e intensamente ativo e vivo. Nesses momentos, tem uma voz lá dentro que fala e diz: Esse é o meu eu verdadeiro!"[11]

Sou profundamente responsável pelos outros?

Uma noite, durante o seu breve romance, Stahr e Kathleen caminham numa praia, onde encontram um negro que está pescando, e os dois conversam um pouco com ele. Quando o homem sabe que Stahr está na indústria de filmes, diz que ele nunca vai ao cinema. Stahr retruca em tom áspero: "Por que não?" E o homem responde: "Não se ganha nada. Eu não deixo os meus filhos irem." Kathleen tenta argumentar com o homem e mais tarde o descarta como "Pobre velho Sambo". Stahr faz o mesmo, dizendo: "Eles têm os seus próprios filmes."[12]

Mas alguma coisa irritou Stahr. Quando ele chega em casa naquela noite, estava preocupado com o "Negro na areia". Fitzgerald nos conta:

> Ele estava esperando por Stahr em casa com seus baldes de peixes prateados e estaria esperando no estúdio de manhã. Ele havia dito que não deixava os filhos ouvirem a história de Stahr. Ele era preconceituoso e estava errado, e precisavam lhe mostrar de alguma forma, de algum modo. Um filme, muitos filmes, uma década de filmes, precisavam ser feitos para mostrar a ele que estava errado.[13]

Stahr logo decide parar de trabalhar em quatro filmes de qualidade duvidosa porque "os submeteu ao Negro e achou um lixo", e ele revive um "filme difícil" que havia sacrificado por motivos financeiros.[14]

Stahr reage tão intensamente ao homem na praia, porque o sujeito rejeita o trabalho da vida de Stahr. Stahr não vê filmes como mercadorias inventadas para obter lucro. Ele quer, quase desesperadamente, que os filmes produzidos no seu estúdio dêem prazer às pessoas e as distraiam das dificuldades causadas pela Depressão, e quer que os pais se sintam felizes ou mesmo orgulhosos em levar os filhos para ver os seus filmes. O objetivo de Stahr é extraordinariamente semelhante ao padrão exigente que um líder atencioso me disse ter imaginado para si mesmo – "fazer melhorias identificáveis nas vidas de rostos identificáveis na minha comunidade". O pescador, um indivíduo identificável, havia dito a Stahr que ele era um fracasso.

Observe que Fitzgerald está nos mostrando a dedicação de Stahr ao trabalho. Stahr criou uma vida para si mesmo na qual ele é, como vimos, profundamente responsável por si mesmo. Mas, ao mesmo tempo, ele é profundamente responsável pelos outros. O trabalho de Stahr é muito gratificante para ele, mas não solipsista ou egoísta. Nesse aspecto, Stahr se parece com Jerry, que não quer ter sucesso passando por cima das pessoas e cuidadosamente monta um negócio que ajuda os outros.

Como Jerry, Stahr passou por um teste de caráter muito difícil; tivesse ele falhado, não teria sido um líder. Ele encontra um trabalho que o absorve como uma pessoa completa – condição necessária para a liderança, mas não suficiente. E ele acredita que o trabalho serve aos outros de formas que são vantajosas. Melhor falando, fazer uma diferença no mundo requer uma intensa responsabilidade consigo mesmo, o que permite a uma pessoa perseverar no longo trajeto, e requer um autêntico compromisso com os outros, de modo que o cuidado e a dedicação de um líder na verdade fazem do mundo um lugar melhor.

Isso parece fácil de entender, mas não é. A visão comum é que egoísmo e altruísmo são coisas opostas. Quanto mais egoísta uma pessoa é, menos ela se importa com os outros; e quanto mais altruísta, mais ela está disposta a sacrificar os seus próprios interesses. A literatura séria sugere uma visão mais complicada: as pessoas mais admiráveis, sejam líderes heróicos ou tranqüilos, vivem e trabalham para si mesmos e para os outros. Os filamentos do interesse pessoal e da preocupação com os outros estão firmemente entrelaçados. Em 1765, pouco antes de comprometer o resto da sua vida na criação dos Estados Unidos, John Adams escreveu: "Devo... sob todas as obrigações de interesse e ambição, assim como de honra, gratidão e dever, aplicar toda a capacidade a esta importante causa."[15]

Teria sido imprudência e irresponsabilidade da parte de Stahr começar a repensar seus planos de produção por causa de um encontro casual com um único homem numa praia. O que realmente acontece é que o comentário do sujeito detona uma reação profunda dentro de Stahr. Ao decidir fazer mais filmes que possam satisfazer ao pescador, ele está renovando e intensificando os seus próprios compromissos.

Sou realista no que se refere às condições?

Onde essa perspectiva da responsabilidade de um líder deixa a visão convencional de que indivíduos em posições de autoridade têm basicamente obrigações com os outros – donos, acionistas e o sistema legal? A visão mais recente sustenta que líderes têm "obrigações do papel" – responsabilidades definidas que vêm junto com uma tarefa – e que essas obrigações prendem quem aceita o trabalho, independentemente dos seus valores pessoais, vocação na vida e paixões motivadoras.

Obrigações do papel pode soar uma coisa técnica, mas elas protegem todos e ajudam a impedir indivíduos com poder de abusarem das suas posições. Médicos, por exemplo, têm um enorme poder sobre os pacientes por causa da sua perícia. Advogados que recebem informações secretas de seus clientes podem facilmente tirar vantagem deles. Executivos seniores, em empresas particulares ou do governo, podem e às vezes se aproveitam de suas posições para se beneficiar e explorar os outros.

Onde isso deixa Monroe Stahr? Fitzgerald não o mostra nunca lutando com as obrigações do seu papel ou mesmo pensando nelas. Ele era, portanto, uma pessoa irresponsável? E estarão outros líderes cujo trabalho expressa suas profundas agendas pessoais esquivando-se dos seus deveres? Não queremos um mundo onde os interesses e paixões deles sejam devotados aos deveres que acompanham os seus trabalhos? A resposta comum, contemporânea, a essas perguntas é sim: os interesses e paixões de gerentes deveriam estar "alinhados" com as obrigações dos seus cargos. Essa resposta existe há muito tempo. Mais de dois séculos atrás, Adam Smith escreveu em *A riqueza das nações* que "o homem tem uma necessidade quase constante de ajuda dos outros, e é inútil esperar que ela venha da benevolência deles apenas... Não é da benevolência do açougueiro, do cervejeiro ou do padeiro que podemos esperar o nosso jantar, mas da preocupação deles com seus próprios interesses".[16] Bons administradores agora costumam usar salários, bônus e elogios para fazer os outros trabalharem duro a fim de alcançar as metas de uma organização.

A literatura séria parece rejeitar a noção de alinhamento, assim como os organismos rejeitam tecidos estranhos. Isso porque alinhamento é um conceito mecanicista que coloca em segundo lugar a paixão, o compromisso e a intensidade dos bons líderes. Gente que trabalha muito, cuida muito, e faz uma diferença não está correndo cada vez mais rápido, como roedores numa esteira, para conseguir bolinhas monetárias cada vez maiores. Os líderes bem-sucedidos não fazem voto de pobreza. Eles querem ser recompensados bem e de forma justa. Mas trabalham com dedicação e paixão para expressarem quem eles são e o que realmente é importante para eles.

Não deveríamos, é claro, romantizar o papel do compromisso na liderança que se destaca. A famosa observação de Woody Allen de que oitenta por cento do sucesso é apenas aparecer contém um grande elemento de verdade. O trabalho administrativo em geral é difícil, às vezes rotineiro ou frustrante, e às vezes exaustivo. Mas é exatamente por isso que o sucesso duradouro no fundo depende do cuidado, do compromisso pessoal e da dedicação.

Essa realidade psicológica e emocional deixa as obrigações do gerente para com os acionistas, investidores e o sistema legal num papel significativo, mas subordinado. São circunstâncias e limites sob os quais os gerentes trabalham – ou, como diz Monroe Stahr, são "as condições". Stahr deixa o seu pensamento explícito num encontro com George Boxley, escritor britânico que acabou de entrar para o estúdio e sente que está prostituindo os seus talentos trabalhando em filmes para uma platéia de massa. Boxley diz: "Estou sempre desejando que você possa começar de novo... É esta produção em massa." Stahr lhe diz:

> Essa é a condição... Tem sempre uma condição desagradável. Estamos vivendo como Rubens – suponha que eu lhe pedisse para retratar caras ricos como Pat Brady e eu, Gary Cooper e Marcus, quando você está querendo pintar Jesus Cristo! Você não sentiria como se tivesse uma condição? A nossa condição é que temos de pegar o folclore preferido do povo, fantasiá-lo e entregar de volta para eles. Qualquer coisa além disso é açúcar. Então, não vai me dar um pouco de açúcar, Mr. Boxley?[17]

Stahr não está sendo romântico a respeito dos filmes que produz. Ele tem de fazer o que as pessoas gostam: se não, a receita cai e a grande máquina do seu estúdio começa a ruir. Mas, dentro dos limites dessa condição inegável, Stahr quer que Boxley faça filmes melhores, filmes com um pouco de açúcar, filmes que agradariam ao homem na praia.

Mesmo Stahr sendo o chefe, ele não está isento das condições. Ele trabalha sob intensas pressões financeiras e organizacionais. Por exemplo, num almoço com os patrocinadores financeiros do estúdio, Stahr argumenta a favor de se produzir um filme de qualidade, mesmo que seja quase certo perder dinheiro. Eles estão de olho em Stahr porque está gastando o dinheiro deles. E se observam uns aos outros. Fitzgerald escreve que até Marcus, o membro mais velho do grupo, que parece frágil e decrépito, "funcionava com inquietante resistência. Um instinto sempre alerta o avisava do perigo, de conspirações contra ele... Seu rosto cinzento adquirira uma imobilidade que até quem estava acostumado a observar o reflexo do canto interno do seu olho não o enxergava mais – a natureza fizera nascer umas suíças brancas para ocultá-lo; sua armadura estava completa".

Esses financistas respeitam Stahr e os seus antecedentes, mas ficam pasmos ao saber que ele planeja fazer filmes que darão um prejuízo de um quarto de milhão de dólares. Acabam concordando com ele – mas só depois de interrogá-lo extensamente. Fica também claro que, forçando esse filme, Stahr sofre uma pequena perda de credibilidade. Isso é uma coisa que ele não pode fazer com freqüência. Até Stahr, o inegável soberano das operações da sua empresa, tem de se esforçar muito para satisfazer as condições. Mas ele não se confunde quanto à importância delas.

Satisfazer as condições é uma condição necessária da sua liderança – uma exigência mínima, um conjunto de obstáculos que ele tem de vencer. Às vezes ele se diverte com o jogo, conforme destramente manobra através dos limites financeiros e organizacionais. Às vezes o esforço o desanima. Mas Stahr jamais confunde as condições do seu trabalho com o seu propósito maior. Injeta vida no seu trabalho pelo que significa para ele, não por causa das obrigações do seu papel.

Temos aqui uma perspectiva desconfortável, até assustadora, da liderança. Líderes têm poder e podem explorá-lo, e a nós, de inúmeras formas. Portanto, nós os queremos reprimidos e direcionados; exigimos responsabilidade e transparência; e precisamos de sistemas de governo saudáveis. Essas proteções são importantes; bons líderes as respeitam e jogam segundo as regras. Mas não é por isso que trabalham tanto e de forma tão criativa.

John Maynard Keynes foi talvez o economista mais importante do século passado, e sem dúvida compreendia o papel de regras e incentivos numa economia. No entanto, escreveu: "Na sua maioria, as nossas decisões de fazer algo positivo, cujas plenas conseqüências serão deduzidas muitos dias depois, só podem ser tomadas como resultado de uma espontaneidade instintiva – a necessidade urgente de ação e não de inação, e não como resultado de uma média ponderada de benefícios quantitativos multiplicados por probabilidades quantitativas."[19] A carreira de Stahr deslanchou por causa da sua habilidade em cálculos financeiros, mas sua vivacidade natural – a sua profunda devoção às tarefas que valorizava – foi um fator crítico para fazer dele um líder.

Recentemente entrei em contato com alguém que não via há anos, por causa de um artigo sobre transplantes de rins num jornal em cadeia nacional. Dizia que a laparoscopia, um novo procedimento, estava tornando os transplantes de rim muito mais rápidos, mas o que me chamou a atenção foi uma anedota notável: meu velho amigo Rick tinha doado um rim para o seu chefe. Eu lhe enviei um e-mail, e esta foi a sua resposta:

> Sim, fui eu. Meu chefe estava fazendo diálise havia dezoito meses, estava mal, e eu simplesmente me apresentei como voluntário para ver se eu era compatível. O resultado foi que eu era a pessoa perfeita. Foi tudo muito simples e indolor: operado em 14 de março, alta do hospital no dia seguinte, analgésicos suspensos no dia 16 de março. Nada de extraordinário.

Rick era um líder. Ele deu um forte exemplo para todos que o conheciam e para milhares que leram sobre o que ele fez.

Por que Rick fez tal sacrifício? Não calculou benefícios e probabilidades. Várias organizações o homenagearam e um grupo comercial brincou com ele dizendo que tinha usado táticas desleais para ser o "Funcionário do Ano". Mas a única recompensa de Rick foi, segundo ele disse, a "sensação boa de ser capaz de ajudar alguém necessitado". Os seus motivos, como os de Monroe Stahr e muitos outros líderes, nasceram das profundezas do seu caráter.

Tem açúcar?

Nós sabemos o quanto Monroe Stahr se importa com o seu trabalho porque Fitzgerald nos mostra o que ele sente e pensa, mas com outras pessoas isso não é tão fácil, o que deixa gerentes vulneráveis a erros graves. Imagine, por exemplo, que você tenha três candidatos para um posto de muita responsabilidade. Todos têm históricos excelentes. A tarefa vai requerer vários dias de muito trabalho, e nada garante o sucesso. Você não pode depender de alguém cujo principal interesse seja o pagamento ou uma linha a mais no currículo. Como você decide que candidato escolher?

A resposta sugerida pelo exemplo de Monroe Stahr é que você deveria tentar olhar bem *como* cada candidato trabalha. Tentar olhar além dos resultados de balancetes, currículos e declarações ardorosas de compromisso. Cuidado e dedicação revelam-se nas nuances de sutilezas do trabalho rotineiro. Mesmo os maiores e mais importantes projetos são basicamente sucessões de pequenos, às vezes minúsculos, esforços. Homens e mulheres que realmente se preocupam em dar um nível extra de sensibilidade, imaginação e sabedoria prática às muitas facetas do seu trabalho.

Gerentes podem aplicar o mesmo teste a si mesmos antes de dizer sim a novas tarefas ou fazer mudanças de carreira significativas. Em outras palavras, gerentes podem aprender muito dando um passo atrás, examinando suas atividades de rotina num dia comum, e se perguntando quais delas despertam naturalmente o grau mais alto de cuidado, imaginação e atenção a detalhes. Se Willy Loman tivesse feito isso, teria notado que para ele era muito mais importante montar um telhado do que realizar uma venda.

A forma simplificada de Stahr para essas pequenas infusões de cuidado e qualidade é "açúcar". Stahr implora a Boxley que lhe dê um pouco de açúcar, e Stahr pratica o que prega. Um dos aspectos mais notáveis da história de Fitzgerald é a sua descrição minuciosa, realista, de Stahr trabalhando. Nós não o vemos tomando decisões estratégicas ou fazendo discursos estimulantes. Pelo contrário, nós o observamos, reunião após reunião, acertando pequenos detalhes o mais corretamente possível. Hoje em dia, um conselho que está na moda diz para não suar por coisas pequenas. Stahr não acredita nisso, nem acreditam os líderes mais importantes. Trabalham duro para acertar coisas pequenas porque sabem que isso se acumula em grandes realizações. E, se um líder não se preocupa com coisas pequenas, os seguidores também não. Que "açúcar" é esse que Stahr acrescenta ao seu trabalho? O seu negócio depende decisivamente de capital humano. Filmes fracassam se escritores, diretores e produtores não trabalharem com intensidade, imaginação e cuidado. A tarefa de Stahr é ajudá-los – de inúmeras pequenas e inventivas maneiras.

Por exemplo, Stahr faz mais do que simplesmente pedir açúcar a Boxley. Afinal de contas, Boxley talvez não saiba o que Stahr quer dizer ou não se sente disposto a fazer. Boxley é um escritor que se sente aviltado trabalhando em filmes, com seus interesses em ação e aventura. Portanto Stahr lhe pede para imaginar que está sentado no seu escritório, cansado depois de um longo dia. Então, Stahr descreve uma cena imaginária. Uma mulher entra na sala, tira as luvas e esvazia a bolsa sobre uma mesa. Ela tem duas moedas de dez centavos, um níquel e uma caixa de fósforos. A mulher coloca as duas moedas de volta na bolsa, deixa o níquel sobre a mesa e vai até o fogão e tenta acendê-lo. O telefone toca, ela atende e diz: "Eu nunca tive um par de luvas pretas na minha vida." Ela desliga e volta para o fogão, e aí fica claro que um homem estava de pé no escritório, observando tudo que a mulher fazia.

Quando Stahr pára de contar a história, Boxley pergunta o que aconteceu em seguida. Stahr responde: "Não sei... eu estava só fazendo cinema." Boxley lhe diz que a história não passa de melodrama, mas Stahr mostra que não existe nenhum diálogo vulgar, nenhuma ação e nenhuma violência. Então Boxley pergunta para que era o níquel. Stahr ri e diz: "Não sei... Ah, sim – o níquel era para o cinema." Boxley relaxa, recosta-se na cadeira e ri. Ele diz a Stahr: "Para que diabos você me paga? Eu não entendo essa droga." Stahr sorri e responde: "Vai entender... Ou não teria me perguntado sobre o níquel."[20]

Note as pequenas coisas que Stahr faz e o que ele não faz. Stahr não dá uma aula de cinema para Boxley. Não diz a Boxley o quanto ele poderia ganhar como roteirista. Não faz nenhuma tentativa de despertar inspiração. Em outras palavras, Stahr ignora todas as técnicas motivacionais padronizadas. Só conta a Boxley uma historinha, o que dá um ótimo resultado.

Primeiro, ela demonstra para Boxley a essência da indústria cinematográfica: "fazer filmes". Boxley realmente não entendia o que essa frase queria dizer porque, como escritor, ele atraía as pessoas com palavras impressas em papel. Stahr contratou Boxley e está prestando muita atenção nele porque espera que o outro o ajude a melhorar a qualidade dos filmes do estúdio. Portanto Stahr cria um breve e atraente exemplo de como imagens podem cativar as pessoas e lhes contar histórias: Stahr literalmente faz um filme para Boxley.

Segundo, ao colocar o níquel na história, Stahr deixa o outro intrigado, e quando Boxley pergunta sobre a moedinha, Stahr consegue cumprimentá-lo e incentivá-lo. O verdadeiro problema de Boxley, Stahr compreende, não é que não goste da fórmula hollywoodiana de ação, aventura, diálogos animados e finais felizes. Se Boxley tivesse mesmo se sentido assim, jamais teria aceitado um contrato como roteirista. Stahr, astuto observador de todos à sua volta, sabe que o problema de Boxley é que ele quer desesperadamente fazer sucesso em Hollywood e teme fracassar. Sua crítica da indústria de filmes é um modo de dizer que ele é bom demais para isso e que o fracasso não fará importância. Stahr sabe que é crucial convencer Boxley de que ele pode "fazer filmes". O artifício do níquel ajuda Stahr a fazer isso. Boxley sai da sala sentindo que pode ter sucesso, e – tão importante quanto – seu chefe confia nele e tem grandes expectativas com relação ao seu trabalho.

Finalmente, Stahr mostra a Boxley que ele está trabalhando para alguém que se importa com o seu sucesso e compreende as suas preocupações pessoais. Boxley tem um vislumbre de Stahr como um homem dedicado, de personalidade agradável, cheio de imaginação que se importa com as nuances de um bom trabalho, não um mecânico organizacional que vê o estúdio como uma esteira rolante para artigos de má qualidade.

Numa série de situações, Fitzgerald mostra Stahr prestando muita atenção a minúcias e cuidadosamente elaborando o que diz e faz. Às vezes é piedoso, às vezes duro; pode ser cordial ou distante. Para Stahr, liderança é muita atenção, arte e nuances imaginativas.

Muitos líderes excepcionais usam essa abordagem no seu trabalho. Quando se preocupam de verdade com uma questão, podem ser extraordinariamente sensíveis a nuances e detalhes. Lawrence Summers, presidente da Harvard University, trabalhou muito próximo de Robert Rubin, que era secretário do Tesouro dos Estados Unidos. Durante a década de 1990, Rubin ajudou a guiar os sistemas financeiros dos Estados Unidos e do mundo através de várias crises difíceis, e sua liderança era altamente conceituada pelos oficiais do governo do mundo interior. Summers mais tarde refletiu que, "para algumas pessoas, o ato definidor é um discurso, para alguns é um argumento, para outros um ensaio. Para Bob, a decisão equilibrada e matizada é o ato definidor".[21]

O que separa a avaliação ponderada da miopia? No caso de Stahr, é focalizar nas atividades aparentemente mundanas que defendem a sua causa maior. Como um dos admiradores de Stahr diz: "Você pode aceitar Hollywood como uma coisa natural como eu fiz, ou descartá-la com o desprezo que reservamos para aquilo que não compreendemos. Pode ser compreendida também, mas só vagamente e em flashes. Nem meia dúzia de homens já foram capazes de manter toda a equação de filmes nas suas cabeças."[22] Não é uma tarefa fácil – exige toda a força intelectual e emocional de Stahr e no final prejudica a sua saúde. Stahr satisfez "as condições", ele quer melhorar a qualidade do cinema, e tem de dirigir uma indústria extremamente complexa. Tudo isso cobra o seu tributo.

Quando olhamos Stahr de perto, vemos que a linha entre cuidar muito e cuidar demasiado é difícil de traçar. Algumas das pessoas que trabalham para ele pensam que é um microgerente, e alguns leitores acham a mesma coisa. Como Stahr cuida muito para fazer certas coisas que parecem insignificantes, mas são estratégicas, não tem paciência com os outros. Coloca a si mesmo e as pessoas que o cercam sob uma pressão muito grande: alguns não resistem, e no fim Stahr também não agüenta. Nem máquina nem pessoas podem operar indefinidamente a todo o vapor. Mas as deficiências e fracassos são o resultado do cuidado e da dedicação levados ao extremo. De todos os problemas do mundo, esse é um dos menos graves. Finalmente, Stahr e muitas das pessoas com quem ele trabalhou sentiram-se muito orgulhosos com o que realizaram. Um dos observadores de Stahr disse: "Ele foi um marco na indústria como Edison, Lumiere, Griffith e Chaplin. Conduziu o cinema para além da extensão e do poder do teatro, alcançando uma espécie de era dourada, antes da censura."[23]

LIDERANÇA COMO UM COMPROMETIMENTO INDISPENSÁVEL

Fitzgerald não viveu para terminar a história de Stahr. Ele deixou anotações, uma miscelânea de parágrafos e breves esboços de vários capítulos adicionais, que sugerem fortemente que Stahr estava condenado. No esboço completo do último capítulo, Fitzgerald o mostra exausto e desequilibrado. Uma noite, Stahr está bêbado e parte para uma briga com um líder sindical que está organizando os escritores de Stahr. Mais tarde, Stahr fica sabendo que um dos seus rivais no estúdio se bandeou para o lado do líder sindical e está planejando mandar assassiná-lo. Stahr pensa em contratar um assassino e atacar primeiro – porque sua vida e tudo aquilo que ele trabalhou para construir está em risco –, mas resolve o contrário.

Logo depois, Stahr morre num desastre de avião. O paralelo de Fitzgerald com a história de Ícaro se mantém até o fim: no seu triunfo, Stahr bateu as asas o mais forte que pôde, e suas realizações o levaram até perto do sol, mas aí, como Ícaro, ele despenca do céu e morre.

A vida de Stahr levanta algumas das questões mais profundas e difíceis de qualquer um dos livros que examinamos. Líderes bem-sucedidos estão fundamental e inevitavelmente comprometidos consigo mesmos a "decifrar aquele fogo" interior? Falar e teorizar sobre obrigações do papel são basicamente uma forma superficial de pensar em liderança? O intenso cuidado coloca os líderes em risco de exaustão à medida que eles lutam, quase continuamente, para mudar organizações e alcançar grandes metas?

A história de Stahr sugere que a resposta a todas essas três perguntas é sim. Ele não trabalha para ir eliminando numa lista as obrigações legais e econômicas com acionistas, empregados e outros grupos.

Essas são meramente as condições. Para ele e para todos os gerentes, são obrigações ao mesmo tempo sérias e práticas. Ele sabe que perderia o poder se não satisfizesse as exigências financeiras de seus sócios. O mesmo aconteceria se descumprisse a lei. E, como uma questão puramente prática, ele tem de ser bom para os escritores e outros funcionários, porque eles fazem os filmes. Stahr é uma pessoa realista, e sabe de tudo isso.

Mas ele aspira a mais. Trabalho, para ele, é um comprometimento essencial.[24] Não é apenas algo que ele faz. O trabalho define quem ele é e para que ele vive, particularmente quando está trabalhando com intensidade e imaginação, acrescentando "açúcar", melhorando aos poucos a qualidade da indústria de filmes e satisfazendo o homem na praia. É por isso, mesmo com uma clara noção da sua frágil mortalidade, que Stahr escolhe viver e trabalhar a todo o vapor. Stahr coloca em risco a sua saúde e pode ter se importado demais, mas a sua vida dramatiza em cores bem vibrantes o papel da devoção e do sacrifício no trabalho de um líder.

Tal perspectiva não surpreenderá líderes experientes. Poucos olharão para a sua experiência passada e verão um caminho fácil para o sucesso. Líderes raramente estão isentos de trilhas duras que testam a sua dedicação e resolução. Mas o que surpreende é a freqüência com que os bons líderes aprendem com essas lutas, a disposição que têm de aproveitar e agarrar novas oportunidades de liderar, a rapidez com que se comprometem e voltam a se comprometer com o difícil trabalho da liderança.

Um executivo, por exemplo, olhou para trás numa reviravolta particularmente árdua e disse: "Eu não faria isso de novo nem por 20 milhões de dólares, mas não teria perdido essa oportunidade nem por um milhão." A primeira parte do seu comentário reflete como foi difícil a reviravolta – levou vários anos, causou rixas intensas entre funcionários e gerentes, e provocou ameaças de morte contra o executivo, mas no fim salvou a empresa e centenas de empregos. A segunda parte do comentário reflete o quanto o executivo valorizava os desafios e o quanto ele aprendeu.

Por que líderes dão valor aos grandes desafios? A resposta sugerida pela ficção séria é que eles aprendem mais sobre si mesmos do que nos períodos de calma e sucesso. Em particular, ficam sabendo se são capazes ou não de *assumir* responsabilidades – no sentido de agir com força, energia e controlados por emoções intensas. Nessas situações, homens e mulheres afirmam a sua liderança. De fato, com freqüência olham para trás e sentem que se tornaram líderes quando enfrentaram e passaram em provas que testaram o seu caráter.

Esses incidentes críticos tendem a ocorrer depois dos primeiros anos de uma carreira. Seus chefes pensam que eles têm talento e experiência. Eles têm um emprego com que se preocupar, e que se encaixa nos seus sonhos e esperanças. Enfrentaram situações complicadas e acreditam ter um código moral firme. Mas aí enfrentam um teste crítico de caráter e competência que revela se podem ou não assumir realmente a responsabilidade, por si mesmos e pelos outros.

CAPÍTULO 5

Estou pronto para *assumir* responsabilidades?

É TENTADOR PENSAR QUE agora nós temos uma visão completa do que seja liderança. Só que bons líderes precisam de um sonho saudável, um código moral firme, modelos que os deixem inquietos e uma intensa devoção ao seu trabalho. Esses recursos íntimos dão aos líderes direção, inspiração, orientação prática e a vontade de seguir em frente. O que poderia estar faltando?

A resposta para essa pergunta está na forte reação dos executivos discutindo a história de Joseph Conrad, "The Secret Sharer", num sábado de manhã. O novo capitão parecia muito bem preparado para assumir o comando de um navio. Ele havia se esforçado para chegar àquele posto, conhecia as rotas comerciais em primeira mão, era excelente navegador e acreditava que a vida no mar era a sua vocação. Só faltava ao novo capitão "a recente responsabilidade do comando".[1]

Essa breve frase concentra a visão de Joseph Conrad sobre o que estava faltando ao novo capitão, e os executivos claramente concordaram com ela. Discutiram com todo o vigor se o novo capitão tivera sucesso ou fracassara ao assumir a responsabilidade. Por que essa discussão gerou tanta energia? A resposta, eu acredito, é que os executivos não estavam falando apenas do novo capitão: estavam revivendo e repensando situações nas quais haviam sido testados na "recente responsabilidade do comando".

Para gerentes hoje em dia, uma experiência como essa em geral ocorre, como aconteceu com o capitão, só depois dos primeiros anos de suas carreiras. Anos que com freqüência transcorrem com eles atuando como algum tipo de especialista – fazendo análise de marketing ou financeira e talvez supervisionando um pequeno grupo de pessoas. Então algo extraordinário acontece, e isso pode fazer ou interromper uma carreira de gerente: alguém sênior olha para o histórico de uma pessoa jovem e confia nela para dirigir parte da organização.

São jovens que estão "no comando" em três sentidos. São responsáveis por definir a direção da sua unidade, têm autoridade sobre outras pessoas e são responsáveis pelo sucesso ou fracasso. Algumas pessoas enfrentam esse desafio e se dão bem, e outras encontram problemas, mas aprendem e se recuperam. A recompensa para ambos os grupos costuma ser adquirir novas e mais amplas oportunidades de gerenciar e liderar. Outros indivíduos, apesar de currículos excelentes, revelam que lhes falta alguma coisa e não conseguem jamais atribuições gerenciais mais amplas.

Os executivos compreenderam claramente que Conrad estava escrevendo sobre um aspecto fundamental da liderança, e não apresentando um tratado acanhado para novos capitães de navio. A história do novo capitão levanta duas questões básicas: O que significa realmente assumir responsabilidades? E como saber se nós ou outras pessoas estamos realmente prontos para isso?

Dar respostas simples a elas não nos ajuda muito. Considere, por exemplo, a perspicaz definição de Peter Drucker para liderança. "Liderança", ele escreveu, "não é classe ou privilégios, títulos ou dinheiro. Liderança é responsabilidade."[2] Drucker expôs essa visão, como se estivesse adivinhando, nos meados da década de 1990, pouco antes da economia bolha. Se mais executivos tivessem escutado as suas palavras, milhões de trabalhadores, investidores e suas famílias teriam sido poupados de privações e sérias perdas. Drucker faz mais do que nos avisar sobre a arrogância e a auto-indulgência dos executivos. Ele nos diz para colocar de lado as definições populares, confortáveis, de liderança e vê-la como uma espécie de trabalho duro, sério que é de caráter fundamentalmente ético.

Mas a definição de Drucker é também frustrante. A liderança, nos dizem, é responsabilidade, mas não definem o que é responsabilidade. Por que Peter Drucker, com sua vasta experiência e excelente capacidade de comunicação, não nos disse mais? A resposta, eu acredito, é que ele não pôde – pelo menos não em poucas palavras. Assumir responsabilidades é um desafio emocional e psicológico difícil e uma atividade humana sutil e complexa. É também uma questão de caráter, que só tem resposta quando alguém se vê numa posição de liderança e enfrenta um grande desafio.

Joseph Conrad é a pessoa ideal para nos ajudar a pensar nessas questões, porque aprendeu o que é liderança e responsabilidade com anos de experiência na fonte. Ele foi criado na Ucrânia e na Polônia. Em 1874, aos dezessete anos, Conrad começou uma carreira de dez anos no mar, subindo de membro da tripulação até comandante e viajando por uma boa parte do mundo. Depois, aposentou-se, foi para a Inglaterra e começou a escrever em tempo integral. Mesmo a sua primeira língua sendo o polonês, ele é considerado um dos maiores escritores britânicos do último século.

"The Secret Sharer" é uma das histórias mais notáveis de Conrad. Ela focaliza diretamente a questão do que significa para um líder assumir responsabilidades – numa organização, sob estresse e incertezas –, por isso interessou tanto aos executivos. O vívido relato de Conrad sobre os desafios emocionais e psicológicos que uma pessoa enfrenta ao assumir responsabilidades também nos ajuda a compreender por que os líderes precisam se conhecer a fundo antes de poder liderar os outros.

INCONSEQÜENTE OU RESPONSÁVEL?

O que é mais intrigante na história do novo capitão é o abismo enorme entre o que muitos líderes pensam a respeito dele e o que parece ser a opinião de Conrad. Como alguns dos executivos, os leitores costumam chegar ao fim da história com sérias dúvidas a respeito do capitão, e no entanto Conrad parece recomendá-lo. O que incomoda é toda uma série de decisões que o capitão toma. Tarde da noite, permite que um estranho embarque. O estranho, de nome Leggatt, diz que acabou de fugir da prisão de outro navio onde estava preso injustamente, acusado de assassinato. O capitão aceita a sua história sem hesitar, esconde um confesso assassino durante vários dias, engana outro capitão que sobe a bordo para procurar Leggatt, e depois conduz o seu navio numa manobra arriscada próximo de uma costa perigosa e cheia de pedras para que Leggatt possa escapar. Agindo assim o capitão não conquista muitos admiradores. Mas Conrad termina a história com estes dois parágrafos:

> O navio já avançava. E eu estava sozinho com ele. Nada! Ninguém no mundo deveria estar agora entre nós, lançando uma sombra no caminho de silencioso conhecimento e muda afeição, a comunhão perfeita de um homem do mar com o seu primeiro comando.
>
> ... Cheguei na hora de captar um fugaz vislumbre do meu chapéu branco que ficou para marcar o lugar onde o secreto parceiro de cabine e dos meus pensamentos, como se ele fosse o meu segundo eu, descera até a água para aceitar a sua punição: um homem livre, um orgulhoso nadador partindo para um novo destino.[3]

Conrad não condena o novo capitão nem o critica. Sua clara sugestão é de que está tudo bem: o capitão, como Leggatt, parte agora para o seu novo destino.

Depois de décadas no mar, Conrad jamais elogiaria uma inconseqüência ou irresponsabilidade. Então por que ele pensa que o novo capitão está pronto para comandar um navio? A resposta de Conrad é importante, provocativa e surpreendente. Ele não parece pensar que responsabilidade é simplesmente uma questão de fazer o que deve ser feito. Há momentos, Conrad indica, quando a responsabilidade é "assumida" – arrancada de um mundo duro, recalcitrante. Assumir responsabilidade pode ser um ato agressivo, vigoroso, carregado de emoções.

Para compreender a perspectiva de Conrad, precisamos começar bem no início da história e examinar vários incidentes com muito cuidado. Isso nos permite observar o novo capitão passando de uma vaga compreensão romântica das suas responsabilidades para agudas e intensas convicções sobre o que elas realmente implicam. O capitão aprende a se observar, dominar e desenvolver. Só então, conforme entende Conrad, ele está pronto para comandar um navio.

Conrad não dá um nome para o capitão ou para o navio. Fato que indica que ele está escrevendo sobre uma experiência comum, não sobre os sofrimentos de um indivíduo em particular, e gerentes experientes se reconhecem no novo capitão. Todos já haviam recebido novas responsabilidades; seus currículos disseram que estavam prontos, e eles ficaram excitados com que vinha pela frente e queriam muito vencer. Conforme diz o capitão: "Eu fiquei pensando até que ponto deveria ser fiel a essa concepção ideal da própria personalidade que cada homem define para si mesmo secretamente."4 Mas, como o capitão, os gerentes com novas responsabilidades são "estranhos para si mesmos" – não foram testados pela sua nova posição, não sabem o que fazer e percebem que podem falhar.

QUESTÕES DE CARÁTER

A visão de Conrad do que seja assumir responsabilidades fica melhor explicada com uma série de questões ambíguas. Cada uma pergunta sobre o capitão e, ao mesmo tempo, levanta dúvidas muito difíceis para quem está assumindo sérias responsabilidades.

Eu realmente sinto as minhas responsabilidades?

Na era que antecedeu as telecomunicações, capitães do mar eram o máximo em termos de empregados com poder de decisão. Durante meses a fio, tinham total responsabilidade pelo bem-estar de uma tripulação e pela conquista de objetivos militares ou comerciais de uma viagem. Diante de uma decisão difícil, os capitães podiam consultar a lei do mar, conferenciar com outros oficiais e procurar nas suas lembranças e experiências. Mas, finalmente, tomavam as suas próprias decisões e agüentavam as conseqüências.

O novo capitão estava pronto para essas sérias responsabilidades? Em termos de treinamento técnico e habilidades para velejar, ele estava – mas Conrad não estava muito interessado nisso. No início da história, observamos como o capitão retrata "a iminente travessia do arquipélago malaio, descendo o oceano Índico e subindo o Atlântico. Todas as suas fases me são bastante familiares, cada característica, todas as alternativas que provavelmente se apresentariam diante de mim no mar alto – tudo!".[5] O único outro indício das habilidades profissionais do capitão surge bem no fim da história, quando ele com destreza guia o seu navio em direção ao perigo e sai dele.

Em resumo, Conrad mostra pouco interesse pelo que o capitão sabe sobre o mar e a sua maestria de navegador. Isso é surpreendente. Toda posição de liderança exige habilidades específicas, e Conrad, como um experiente marinheiro, sabia que nada substituía certa perícia e experiência. Implicitamente, entretanto, Conrad parece estar dizendo que o conhecimento técnico e habilidades são necessários para uma liderança eficaz, mas estão longe de ser suficientes.

Esse fato aparece quando vemos como o capitão toma a sua primeira grande decisão: aceitar a bordo do navio um estranho misterioso. Com sua decisão, Conrad nos mostra o que o novo capitão de fato precisa antes de poder liderar a sua tripulação:

um forte sentimento de que é pessoalmente responsável pelas suas novas atribuições.

Uma noite, montando guarda, o capitão olha para a lateral do navio e vê "um leve clarão de luz fosforescente, que parecia sair do corpo nu de um homem".[6] O homem agarra uma escada de corda pendendo do navio e pede para subir a bordo. As regras do mar e do bom senso sugerem uma clara resposta. O capitão devia negar ou dizer ao homem que esperasse até ele acordar os outros marinheiros, e deveria interrogá-lo extensamente quando estivesse a bordo.

Mas o capitão é cativado pela voz calma e decidida de Leggatt, e pelo seu autocontrole. Leggatt diz que tem apenas duas opções: voltar para dentro d'água e nadar até a exaustão ou subir a bordo. O capitão sente que "essa não era uma simples fórmula de discurso desesperado, mas uma alternativa real na visão de uma alma forte... Uma comunicação misteriosa já estava estabelecida entre os dois – diante daquele mar tropical escuro e silencioso".[7] E ele deixa Leggatt subir e providencia roupas para ele. O capitão enfrenta uma clássica escolha. A cautela e a prática lhe dizem uma coisa; seus instintos, outra.

Como o capitão lida com a sua escolha? Ele reage como um ser humano, sentindo empatia por Leggatt, gostando dele e confiando nele. É um instinto honesto, até nobre, mas não o de um capitão de navio. Esse papel traz outras obrigações – respeitar as regras e salvaguardar o navio –, e não há sinal de que esses deveres passem pela cabeça do capitão.

Infelizmente, enquanto Leggatt conta a sua história, as obrigações profissionais do capitão continuam descansando muito de leve sobre os seus ombros. Leggatt diz que era ajudante do comandante do *Sephora* e havia estrangulado outro marinheiro, no auge de uma tempestade, porque o outro se recusara a obedecer a uma ordem colocando em risco o navio. O capitão do *Sephora* e a sua tripulação, exaustos e assustados com uma semana de terríveis tempestades, acusaram Leggatt de assassinato. Ele foi preso e ficou várias semanas trancafiado, até escapar há poucas horas. O capitão escuta atento, não faz perguntas e não tem pensamentos céticos. Ele acha que talvez tivesse feito a mesma coisa, e cada vez mais sente afinidade com o calmo e confiante estranho. O capitão tem consciência desses sentimentos, mas não reconhece que é quase certo estar sendo influenciado por eles. Leggatt e o capitão, revela-se, freqüentaram a mesma escola de ensino médio na Inglaterra, ambos foram para o mar e até se pareciam fisicamente. O capitão logo decide que vai esconder Leggatt na sua cabine. Tivesse o capitão decidido a mesma coisa depois de lutar para concluir o que era certo fazer, talvez tivéssemos mais confiança na sua escolha. Mas ele não fez isso. Tudo que o capitão sabe a respeito de Leggatt é o que o homem lhe contou. Nada na sua história foi confirmado, e Leggatt poderia ser um perigo para o capitão ou para a tripulação. Não obstante o capitão decide esconder Leggatt na sua cabine e não falar nada com ninguém. Nós lhe damos crédito pela empatia, mas, não considerando suas outras responsabilidades e as conseqüências práticas de aceitar e esconder um passageiro clandestino, ele parece ter esquecido de que é o capitão do navio.

Pior ainda, o capitão tem uma visão romântica e ingênua das suas responsabilidades. Pouco antes de Leggatt aparecer, ele diz: "Alegro-me com a grande segurança do mar em comparação com a intranqüilidade da terra, com a minha escolha dessa vida sem tentações que não apresenta problemas inquietantes, investida de uma beleza moral elementar pela absoluta honestidade do seu fascínio e da sinceridade do seu propósito."[8] A sua nova vida, o capitão acredita, tem um único e simples objetivo: levar o navio, a sua carga e a sua tripulação de porto em porto com segurança. Pior ainda, ele trivializa o seu novo papel, dizendo a si mesmo que só lhe falta "a recente responsabilidade do comando".[9] A palavra "recente" é uma escolha peculiar. As suas recentes responsabilidades são recentes no sentido de serem novas para ele, mas a palavra também sugere que o capitão não leva os seus deveres tão a sério quanto deveria.

O contraste entre o capitão e líderes experientes não poderia ser mais claro. As responsabilidades deles não são um leve manto colocado sobre os seus ombros, mas um peso de bom tamanho que eles sentem quase o tempo todo. Líderes – em todos os níveis – compreendem isso. Em momentos de sinceridade, manifestam isso prontamente. Por exemplo, um sargento de pelotão da marinha dos Estados Unidos falou sobre um grupo de rapazes que liderou em batalha no Iraque, depois que vários já tinham morrido: "Estes são meus meninos. Eu treinei com eles desde janeiro. Todos eram como meus filhos, cada um deles. Eu era responsável por todos. Ainda sinto essa responsabilidade."[10] Em nítido contraste, o novo capitão tem um longo caminho pela frente antes de poder falar algo desse teor sobre si mesmo e sua tripulação.

Sou capaz de olhar para a realidade que me cerca?

Durante uma longa e torturante semana, Leggatt é o parceiro secreto da vida do capitão – um acordo que dificultou muito o trabalho do capitão. O navio é pequeno, como também é o seu alojamento. Se os seus homens descobrissem o clandestino, ele perderia a credibilidade e sua carreira estaria encerrada. Em conseqüência, o capitão está sob intensa pressão, freqüentemente distraído e à beira de um colapso nervoso.

O que dá um grande valor à história de Conrad é que ele não avança, num estilo hollywoodiano, para um clímax no qual o capitão se redime com um ato de heroísmo. Em vez disso, Conrad nos deixa observar de perto o capitão lutando consigo mesmo e com a sua situação. O que vemos são passos básicos necessários na aceitação de responsabilidades.

As pressões sobre o capitão começam a crescer assim que ele e Leggatt entram na cabine. Os dois são obrigados a falar aos sussurros, no caso de um marinheiro de vigia estar perto da escotilha. O capitão dá a Leggatt a sua cama e dorme num sofá. Na manhã seguinte, ele é despertado pelo seu camareiro, que bate à porta e imediatamente entra no quarto. O capitão fica tão irritado que grita: "Aqui! Estou aqui, camareiro", ao que o camareiro responde tranqüilamente: "Posso ver que está aqui, senhor", e sai. O capitão fica preocupado achando que talvez o ajudante tenha percebido algo estranho: a cortina da cama estava fechada, embora ele estivesse dormindo no sofá. Minutos depois, o camareiro reaparece na soleira da porta: o capitão dá um pulo do sofá e diz: "O que quer?"[11] O homem responde que só quer fechar a escotilha porque estão lavando o convés lá em cima.

O capitão cai em si. O risco de Leggatt ser descoberto é grande. O capitão sabe por experiência própria que a tripulação estará logo comentando o seu comportamento estranho, sobressaltado. Vão ficar imaginando se o capitão estará à altura da sua tarefa, e alguns provavelmente temerão por suas seguranças.

Felizmente, o capitão está começando a se observar e refletir no abismo que existe entre si mesmo e o seu novo papel. Sabe "que não está totalmente sozinho com o meu comando: pois havia esse estranho na minha cabine".[12] Ele segue dizendo, com muita astúcia:

> Para um homem do mar existem palavras, gestos, que em determinadas condições surgem naturalmente, tão instintivos quanto o piscar de um olho assustado. Certa ordem deveria brotar dos seus lábios sem pensar; certo sinal deveria se produzir, para falar sem refletir. Mas toda vigilância inconsciente me abandonou. Eu tinha de fazer um esforço de vontade para me chamar de volta (da cabine) para as condições do momento. Sentia que estava parecendo um comandante irresoluto para essas pessoas que me observavam com um olhar mais ou menos crítico.[13]

Nessas palavras, é quase possível ouvir a voz de Conrad, falando com anos de experiência. A auto-observação do capitão – de si mesmo e do seu relacionamento com as pessoas imediatamente à sua volta – é um passo essencial para assumir o comando do seu navio.

Para crédito do capitão, ele não se distrai do que está acontecendo. Mais tarde ele diz que "o funcionamento dual da minha mente me distraía quase ao ponto da insanidade. Eu estava constantemente me observando, o meu eu secreto, tão dependente das minhas ações quanto da minha própria personalidade, dormindo naquela cama, atrás da porta na minha frente quando eu sentava à cabeceira da mesa. Era muito parecido com estar louco, só que era pior porque eu tinha consciência do que estava acontecendo".[14] Ele sabe que a sua carreira como capitão é vulnerável, e irradia sua visão romântica da vida no mar e as "recentes" responsabilidades de comando. Em resumo, ele não se ilude sobre o que está acontecendo no navio e dentro da sua cabeça.

Posso dar pequenos passos à frente?

Um executivo experiente certa vez me contou sobre uma contratação recente. Ele estava no emprego havia umas duas semanas, tomando pé da situação, mas o seu último dia tinha sido realmente difícil. Ele tinha feito uma demissão, conversado com um colega que parecia ignorá-lo, e lidado com novas evidências de que a unidade que ele devia melhorar estava uma confusão ainda maior do que previra. Nada disso parecia incomodar o executivo. Ele só disse que o novo gerente havia finalmente tido o seu primeiro dia de verdade no emprego.

O novo capitão está tendo uma experiência semelhante. Muitos gerentes aceitam um novo desafio, acham que compreendem as suas dimensões e depois observam, assim como faz o novo capitão, que as coisas estão se deteriorando rápido. Em geral, o problema é alguma combinação das suas próprias inexperiências e mal julgamentos e a dura realidade do trabalho que têm pela frente.

A resposta do capitão à sua situação que está deteriorando é notável. Diante de uma nítida reviravolta frustrante dos acontecimentos, alguns gerentes fogem da realidade concentrando-se em problemas insignificantes, culpando os outros, congelando ou mergulhando em análises. O capitão não comete nenhum desses erros. Em vez disso, mostra uma nítida tendência a agir – não através de um único ato dramático que solucione tudo, mas com pequenos passos práticos para aumentar a sua credibilidade junto à tripulação comportando-se como um capitão. Cada um desses pequenos passos tem dois lados: tratam de problemas externos – lidar com Leggatt e defender a autoridade do capitão – e o problema interno crítico da sua idéia subdesenvolvida de si mesmo como capitão.

Certa manhã, um ou dois dias depois de esconder Leggatt, o capitão deixa a cabine e nota um dos seus ajudantes sorrindo de lado para ele. O capitão responde dando uma ordem para trocarem as velas. Isso exige que todos os homens da tripulação do mastro de proa venham para o convés, e o capitão olha para cada um deles cara a cara ao passar. Em seguida, vai tomar o café-da-manhã com os seus oficiais seniores, não come nada e preside a refeição com tamanha "dignidade frígida" que todos os outros comem rápido e fogem da sala.

Num contexto comum, nenhuma dessas ações significaria alguma coisa. Mas aqui elas nos mostram o capitão entrando no seu papel. Ele dá uma ordem firme e, claramente, assegura sua autoridade – e ele demonstra a si mesmo que é capaz de fazer isso. Na confusão em que está, isso requer um grau extraordinário de autocontrole e é um passo evidente em direção a assumir responsabilidades.

O capitão estava encontrando meios de mostrar confiança em público, apesar da dúvida e do tumulto interior – algo que a maioria dos líderes pensa que deve fazer em conjunturas críticas em suas carreiras. Alguns dos executivos na minha turma dos sábados de manhã eram CEOs de grandes empresas, mas eles tinham, às vezes, se encontrado na mesma situação desagradável do capitão: enfrentando intenso escrutínio, sob fortes pressões, inseguros se estavam à altura, mas obrigados a mostrar e inspirar confiança.

Por exemplo, depois de servir dez anos como presidente e CEO do jornal *Washington Post*, Katherine Graham enfrentou uma greve do sindicato por causa de mudanças propostas nas regras do trabalho. O seu relato desse episódio é extraordinariamente semelhante à história do capitão. Ela mais tarde escreveu: "Eu estava desesperada e no íntimo me perguntava se poderia ter estragado tudo e perdido o jornal. Eu realmente não via como íamos conseguir... Mas, apesar do meu tumulto interior, precisava parecer calma e determinada, e me mostrar otimista para transmitir a mesma atitude aos outros."[15]

Conrad não nos diz o que capacita o capitão para começar a assumir responsabilidades, mas um modelo perturbador, o misterioso Leggatt, representa um papel importante. Leggatt é tudo que o capitão não é – tem energia, resolução e uma autodisciplina férrea. Ele se conhece muito bem: sua primeira frase para o capitão é que está disposto a morrer para não ser capturado. Durante dias, fica sentado estoicamente na cabine, sem fazer ruído e mal se mexendo, e tirando totalmente o sossego do capitão. Leggatt é ao mesmo tempo um agudo problema prático e uma incansável lembrança de falhas cruciais no caráter do capitão.

A pressão sobre o capitão logo se intensifica, quando aparece um barco a remo trazendo o capitão do *Sephora*, um homem idoso chamado Archbold que está procurando Leggatt, e vários membros da sua tripulação. O capitão convida Archbold para visitar os seus alojamentos, os dois se sentam para conversar, com Leggatt escondido no banheiro, a poucos centímetros dali. Para deixar Leggatt ouvir a conversa, o capitão diz a Archbold que não ouve muito bem e lhe pede para falar mais alto.

Archbold então explica que Leggatt é sem dúvida um assassino e que o *Sephora* se salvou pela misericórdia divina, não por causa de Leggatt. O capitão pressiona Archbold nesse ponto, mas o velho capitão não cede. "O terror do vendaval", diz o capitão, "ainda não tinha passado."[16] Archbold era exigente com relação às regras e não admitia complexidades morais na sua maneira de pensar. Ele não consegue imaginar que Leggatt possa ter sido obrigado a matar o outro marinheiro para salvar o navio.

Quando Archbold tenta ver se o novo capitão sabe alguma coisa sobre Leggatt, o outro responde com evasivas. O capitão percebe que por motivos psicológicos, e não morais, ele não pode mentir a Archbold, portanto cria uma série de digressões e manhas para enganá-lo sem diretamente mentir para ele. Num determinado momento, até se oferece para mostrar o banheiro a Archbold e abre a porta só um pouco. Não demora muito para o capitão sentir que Archbold está "batendo em retirada".[17] Archbold fica desconfiado, mas não sabe nada.

Enganar um colega oficial não é coisa de que alguém possa se orgulhar, mas o capitão está demonstrando um grau extraordinário de autodisciplina, ousadia e tenacidade – os traços que Leggatt possui e faltam a ele. Além disso, ele agora está tomando uma posição contra um oficial experiente mais velho, porque sente que é a única maneira de impedir que Leggatt seja tratado injustamente. Esse passo à frente tem um importante valor psicológico e emocional para o capitão. Ele está começando a ter uma noção da sua identidade profissional como capitão, pelo menos numa forma negativa, ao perceber como é diferente do tímido e regrado Archbold. O capitão está mais disposto a adotar a complexidade ética e, para o melhor ou o pior, nas situações difíceis confiar nos seus instintos, em vez de se basear em manuais.

Posso assumir responsabilidades?

Os pequenos passos apresentados são todos valiosos, mas não resolvem o grande problema do capitão: o foragido na sua cabine. O capitão está ficando cada vez mais irritadiço e distraído, os ajudantes percebem e ficam mais cautelosos, e Leggatt está sempre ali, nos longos dias e noites quentes. A vida do capitão tornou-se, nas suas palavras, "infinitamente miserável".

Nesse ponto, o capitão dá mais um passo à frente. Ele inventa um plano para tirar Leggatt do navio. Algo que requer imaginação, muita atenção aos detalhes e sucesso no difícil teste de caráter: o capitão tem de enfrentar Leggatt, que quer ficar a bordo e ser abandonado mais adiante na viagem, perto do Camboja. Os dois discutem, aos sussurros, e o capitão finalmente diz: "Abandonar você! Não estamos vivendo um conto infantil de aventuras."[18] Então, Leggatt diz que vai deixar o navio naquela noite e se afastar nadando, assim como chegou. O capitão responde com severidade que Leggatt não vai fazer nada por um dia. Agora se dá uma importante inversão. O capitão assume o comando e diz a Leggatt o que fazer. Ele continua a aprender como afirmar a sua autoridade.

Na noite seguinte, tudo se define. O capitão estudou um mapa e encontrou um lugar onde Leggatt pode deixar o barco. Ele dá a Leggatt dinheiro, um chapéu grande de abas moles e lhe diz para se esgueirar até um convés inferior e entrar devagar dentro d'água. Em seguida, o capitão sobe para o convés principal e ordena ao primeiro ajudante para levar o navio para uma enorme e ameaçadora montanha negra, chamada Koh-ring, que assoma à beira de uma praia rochosa. Ele diz que está procurando uma "brisa terrestre" para que o navio possa escapar das águas calmas, mas o capitão também está criando uma distração para que Leggatt possa sair do navio sem ninguém perceber.

A calmaria cerca o barco conforme ele lentamente desliza cada vez mais perto da imensa pedra. O primeiro ajudante entra em pânico e grita: "Perdidos." O capitão lhe diz para ficar quieto e ordena ao aterrorizado timoneiro para permanecer no curso. O primeiro ajudante então geme: "O barco já está na praia." O capitão agarra o braço dele e o sacode com força, diversas vezes, repetindo as suas ordens. Ele age assim ainda que "não ouse olhar na direção da terra para o seu coração não parar".¹⁹

Um segundo depois, o capitão percebe que não sabe se a embarcação está saindo do lugar, porque a água e o vento estão muito parados e ele não conhece o barco. Para se orientar, procura alguma coisa flutuando na água e vê o chapéu que deu a Leggatt. Ele rapidamente dá uma ordem para mudar o timão, e segundos depois o barco vira. A tripulação começa a aplaudir, o primeiro ajudante dá ordens para ajustar alguma das velas, e o barco começa a se mover para frente.

Nesse ponto, a história do novo capitão está quase no fim. Conrad não diz nada sobre o que aconteceu com Leggatt e como o capitão administra a viagem. Mas ele indica, como vimos, que o capitão agora está pronto para lidar com suas novas responsabilidades. Por que Conrad acredita nisso – depois que o capitão escondeu o foragido, aceitou a sua história não confirmada, deixou-se distrair, minou a frágil confiança da tripulação na sua liderança, enganou um colega capitão, e colocou em risco o barco e os seus homens para que Leggatt pudesse escapar? A resposta, em resumo, é que ele finalmente *assumiu* a responsabilidade. Demonstra para a tripulação e para si mesmo que tem, não só a habilidade mas também a determinação e a energia pessoal para ser um líder.

Para ver isso, temos de examinar bem o que o capitão faz e deixa de fazer conforme o navio se aproxima de Koh-ring. O capitão não vacila quando o primeiro ajudante faz objeção à sua ordem. Ao contrário de Leggatt, que estrangulou um homem, o capitão usa a força física calculada para garantir a obediência. Ele não entra em pânico quando o navio se aproxima cada vez mais de Koh-ring. Quando o capitão não sabe para que direção o navio está indo, reconhece o problema, mantém a calma e encontra uma solução. Finalmente, ao navegar muito próximo de Koh-ring, distrai a tripulação e dá a Leggatt uma chance de sair nadando sem ser notado.

O plano do capitão funciona. Leggatt se foi, o navio encontra uma brisa terrestre e a tripulação vê a perícia e a determinação com que o capitão comanda o navio. Ao mesmo tempo, o capitão passa por um difícil teste de caráter. Alcança um grau de autodomínio, o seu parceiro secreto não está dividindo e distraindo-o, e ele está no comando do seu navio.

Líderes assumem responsabilidades não quando conhecem o seu trabalho e o que ele exige, mas quando sentem que esse trabalho é deles. No caso do capitão, isso significa que ele pode dar uma série de ordens firmes à tripulação de um navio – sem hesitação ou constrangimentos, com confiança e autoridade, sob estresse e incertezas – e conseguir que elas sejam cumpridas. Suas ações dizem claramente: "Eu estou no comando, e este é meu barco." Ele *assumiu* a responsabilidade – no sentido crítico psicológico e emocional – por si, por suas decisões e sua tripulação.

Talvez o capitão devesse ter compreendido sua responsabilidade mais cedo e melhor – afinal de contas, ele navegou sob as ordens de vários capitães. Mas Conrad sugere outra coisa. O capitão não é obtuso. Ele tem as habilidades e o treinamento corretos, está consciente de que a tripulação o observa de perto e o avalia, e também é sensível aos seus próprios sentimentos. A clara sugestão de Conrad é que enquanto alguém não tem plena responsabilidade por outras pessoas e não tomou decisões difíceis, é muito complicado entender o que essa responsabilidade realmente implica.

Isso é verdade no início de carreira: em algum momento, um novo cirurgião estende a mão para o peito de um paciente e começa a suturar uma artéria. Acontece no auge de uma carreira: o presidente Truman disse que o seu sucessor, general Dwight Eisenhower, saberia que era presidente quando desse uma ordem e nada acontecesse. E acontece também em todas as esferas da vida: o jogador de beisebol Dave Roberts descreveu a experiência de ganhar a base no momento crucial de um desempate no Red Sox-Yankees, em 2004, dizendo que Maury

Wills, o grande jogador da década de 1960, certa vez lhe dissera que "vai chegar um momento na minha carreira em que todos na quadra saberão que eu terei de ganhar a base, e eu vou ganhar aquela base. Quando cheguei lá, soube que era sobre isso que Maury Wills estava falando".[20]

A responsabilidade sob pressão, é o que parece, não pode ser simulada. O autoconhecimento que ela traz só pode vir da experiência real. Isso não é desculpa para os erros do capitão quando ele enfrenta Leggatt pela primeira vez. Entretanto, depois que Leggatt está a bordo e escondido, a situação é o que é. O jovem capitão está diante de um difícil desafio, e aprende que pode assumir a responsabilidade e liderar com eficiência quando os riscos são grandes – algo que nem Leggatt nem Archbold fizeram.

RESPONDENDO POR VOCÊ MESMO

Através dos olhos de Joseph Conrad, observamos o capitão deixar para trás uma idéia ingênua, desprendida das suas responsabilidades, e desenvolver uma noção séria, comprometida e plenamente engajada de si mesmo como um líder. Nós deveríamos, é claro, generalizar com cuidado a partir de um episódio isolado, e Conrad nos lembra para ter cautela. O capitão tem sorte de ver o seu chapéu na água e recuperar a sua orientação, um incidente que se encaixa naquilo que Conrad chama de "o capítulo de acidentes que contam tanto no livro do sucesso".[21]

A cautela de Conrad também aparece na sutil qualificação no fim da história. Conrad nos diz que o capitão experimenta a "perfeita comunhão de um homem do mar com o seu primeiro comando". A palavra "primeiro" é reveladora. Conrad conhece muito bem o que espera esse jovem homem: uma longa série de duros desafios – do mar, do céu, dos homens que ele comandará e de dentro dele mesmo. O risco no primeiro episódio foi que o navio poderia ser lançado à praia. Uma semana depois, o seu navio poderia estar lutando para continuar à tona, como estava *Sephora* semanas antes, e ele seria o responsável final pelas vidas de toda a sua tripulação.

Novos empregos geram o desafio de assumir responsabilidades, mas a história do novo capitão sugere que empregos familiares com freqüência fazem o mesmo. Lembre-se de como Leggatt aparece. O navio está ancorado, numa noite clara e sem vento, longe da praia e de outras embarcações, pronto para uma viagem. Então algo totalmente inesperado e sem precedentes quebra a tranqüilidade e a ordem.

Conrad está dizendo aos líderes para não se iludirem. A qualquer momento, os desafios podem saltar sobre eles, testando se podem assumir responsabilidades. Por exemplo, uma mulher, com quarenta e poucos anos, está para começar no emprego dos seus sonhos, dirigindo uma grande e crescente instituição de caridade. Semanas antes de assumir o seu posto, ela soube que sua antecessora, a fundadora da organização, estava reformando um gabinete para si mesma na sede e planejava manter dois membros seniores da equipe trabalhando para ela, embora estivesse se aposentando e recebendo uma grande soma pela rescisão de contrato.

A mulher mais jovem disse ao diretor da instituição que não pretendia ser uma auxiliar de CEO, e ele lhe deu razão. Em seguida, ela foi falar com a fundadora, uma mulher perspicaz, intimidante, que tinha sido sua mentora. Ela disse à fundadora que estava mesmo se aposentando, que o novo gabinete seria usado para expandir a área de levantamento de fundos, e que os dois membros seniores da equipe seriam designados para outras áreas. A mulher mais velha ficou surpresa e irritada, e disse à mais jovem que ela pagaria pelo que estava fazendo. Mas a mais nova fincou pé. Em retrospectiva, ela percebeu que foi nesse encontro que realmente se tornou CEO da instituição.

Ninguém precisa buscar desafios assim, e ninguém deveria. A única justificativa do capitão para navegar próximo de Koh-ring é ajudar Leggatt a escapar de um julgamento injusto. Seria uma enorme irresponsabilidade por parte do capitão fazer isso simplesmente para exibir a sua perícia de navegador e mostrar à tripulação quem era o chefe, como um novo bombeiro provocando um incêndio para testar e exibir sua coragem. Momentos como o do capitão surgirão diante de quase todo mundo numa posição de responsabilidade, muitas vezes sem avisar e contra qualquer expectativa razoável.

Podemos dizer, com antecedência, se alguém está pronto para assumir responsabilidade? A resposta de Conrad, eu acredito, é que podemos supor, mas não saber realmente. O capitão, um novato inseguro, parece um candidato bem menos provável para a liderança responsável do que Archbold, um veterano com quase quatro décadas no mar. Mas Archbold não sabe lidar com as complexidades morais e práticas do que Leggatt fez para salvar o *Sephora*. Em contraste, o capitão coloca um pé na frente do outro, enfrenta a realidade da confusão em que se encontra, luta com as suas complexidades morais e práticas, tem uma aguda sensibilidade com relação às pessoas que o cercam, e procura primeiro num modelo e depois em si mesmo orientação e energia. Isso tudo não garante nada, mas faz a sorte pesar a seu favor.

Finalmente, quando chega o momento crítico, o novo capitão assume a responsabilidade de um modo fundamental: define para si próprio as suas responsabilidades éticas e práticas. Várias décadas atrás, David Ben-Gurion, um dos fundadores da moderna Israel, indicou um oficial militar de 29 anos, Shimon Peres, para chefiar o Ministério da Defesa. Israel estava na iminência de uma guerra, e Peres estava inseguro se poderia cumprir as suas novas responsabilidades. Num determinado ponto, ele pergunta a Ben-Gurion: "Quando o senhor percebeu que tinha se tornado um líder?" O homem mais velho respondeu: "Senti que tinha me tornado um líder quando olhei em volta e não vi ninguém a quem pudesse fazer perguntas, assim eu mesmo tive de dar as respostas."[22] Do mesmo modo, o novo capitão teve de responder, sozinho e por ele mesmo, a questão de como cumprir as suas obrigações com Leggatt, com a sua tripulação, com os donos do seu navio e com as leis do mar.

Responder por si mesmo é um aspecto fundamental de assumir responsabilidade. Líderes têm uma profunda convicção de que devem fazer algo acontecer e dedicam-se a fazer com que aconteça – apesar de obstáculos, frustrações, fracassos e custos altíssimos. Só no fim de "The Secret Sharer" o novo capitão assume a responsabilidade de uma maneira crucial. Ele consegue isso, não praticando habilidades de navegação ou estudando mapas, mas através da observação de si mesmo e dos constantes e pacientes passos em direção ao autocontrole.

Note que o novo capitão enfrenta esse desafio num momento de sucesso, quando ele finalmente recebeu o comando de um navio. É exatamente nesse momento – quando a sua carreira parece tão promissora – que o caráter do capitão é testado. Em geral, pensamos na adversidade como o teste crucial do caráter de um líder – numa carta, Abigail Adams consolou seu marido, John, escrevendo: "A aflição é o momento de esplendor de um homem bom" –, mas Conrad sugere que devemos pensar de uma forma mais ampla. A história do capitão dá a entender que alguns dos desafios mais duros para os líderes surgem quando suas carreiras estão estabelecidas e eles estão em postos de liderança. Então os líderes têm de enfrentar um surpreendente e assustador teste de caráter – os desafios e rigores do sucesso.

CAPÍTULO 6

Consigo resistir à maré de sucessos?

NO SEU ROMANCE *I Come as a Thief*, Louis Auchincloss nos apresenta a Tony Lowder, um advogado de quarenta e poucos anos de idade. Tony e a sua mulher têm dois filhos. Ele trabalha para o escritório da Securities and Exchange Commission, em Nova York, mas o seu emprego é apenas um lugar de apoio. Tony tem uma carreira política promissora pela frente – numa eleição recente, ele quase derrota um titular fortemente entrincheirado. Tony é um veterano, com uma Estrela de Prata por bravura na Coréia, e um empreendedor. Com seu grande amigo Max, outro advogado, abriu um escritório de advocacia e fez grandes investimentos numa empresa de computadores e numa cadeia de restaurantes. Tony é um líder ativo com perspectivas luminosas.

Aí, Tony toma duas decisões extraordinárias. Primeiro, comete um crime que é grave, mas dificílimo de ser descoberto. Em seguida, apesar dos conselhos e pedidos de todos ao seu redor, Tony procura as autoridades e confessa, o que destrói a sua vida profissional, lança a sua família no caos e os coloca em risco físico. Líderes visam ao sucesso, não à autodestruição, mas é exatamente o que Tony causa a si mesmo.

Essa história nos coloca diante de um dos mais antigos e desconcertantes temas na literatura – os riscos do sucesso. A história de Ícaro, que F. Scott Fitzgerald usa para descrever Monroe Stahr, talvez seja o exemplo mais famoso. Podemos compreender que Ícaro tenha sido arrebatado num momento de entusiasmo, mas e os homens e mulheres que têm tempo para perceber o que estão fazendo e, não obstante, se metem em encrencas? Alguns são figuras proeminentes que arruínam vidas e carreiras esplêndidas. Outros têm um alto potencial para a liderança, mas não realizam as promessas iniciais. E ainda tem outros que fazem sucesso, mas vivem em mudo desespero.

Todos esses homens e mulheres se parecem com Tony. São talentosos, trabalhadores, agradáveis e bem-sucedidos – mas algo os tira do trilho. Em outras palavras, o assustador desafio para muitos líderes e aspirantes a líder não é a pobreza, a opressão ou a falta de habilidade ou de oportunidade. É, paradoxalmente, aquilo mesmo que eles aspiram alcançar: uma vida, uma carreira de sucesso e tudo que vem junto.

No caso de Tony Lowder, Louis Auchincloss se baseia na sua extraordinária carreira dual para nos dar uma perspectiva surpreendentemente contemporânea dos riscos do sucesso e de como os líderes podem evitá-los. Auchincloss nasceu numa família grande e rica de Nova York, onde praticou direito estadual. No tempo que tinha livre, escreveu vários romances bem cotados e contos sobre personagens que inevitavelmente refletiam os homens e mulheres – advogados, banqueiros e executivos de empresas bem-sucedidos – com que Auchincloss vivia e trabalhava. Tony Lowder é um membro natural desse grupo.

A história de Tony sugere que o recurso interior mais fundamental dos líderes é uma habilidade negativa, peculiar. Líderes precisam ser capazes de se distanciarem das pressões e da sedução do sucesso, e pensar e viver por si mesmos. Nenhum dos recursos interiores descritos nos primeiros capítulos – ter um bom sonho, um firme código moral ou modelos inquietantes – importa, se os líderes não puderem resistir à maré de sucesso.

A história de Tony se passa na década de 1960, uma época em que as pressões e recompensas do sucesso eram bem menos intensas do que hoje. Um gerente contou-me recentemente sobre a sua vida: "Eu queria tanto a promoção que chegava a sentir o seu gosto. A verdade é que, por mais que tentasse apaziguar minha ambição pessoal, ela ainda era uma força intensa e às vezes avassaladora na minha vida... não é que eu estivesse disposto a sacrificar todos os outros aspectos da minha vida pelo êxito profissional, mas o êxito profissional tem estado no centro do meu processo de tomada de decisões durante toda a minha vida adulta."

No início, o crime e a confissão de Tony são difíceis de explicar. Analisando bem, entretanto, ficamos sabendo que o sucesso pode funcionar como um anestésico psicológico e emocional. As vítimas não percebem que suas vidas interiores se atrofiaram e seus instintos saudáveis se embotaram. De fato, esses homens e mulheres muitas vezes parecem estar vivendo vidas equilibradas exemplares, e talvez sejam líderes em organizações e comunidades.

Em outras palavras, as experiências de Tony servem como um alerta muito útil. A palavra *experiência* vem do latim *ex pericolo*, que significa "fora de perigo". Pensando no crime e na confissão de Tony, descobrimos alguns modos valiosos para os líderes resistirem à maré de sucesso e salvaguardar uma esfera de autonomia na qual eles possam pensar e viver por si mesmos.

Esta busca de autonomia não deve ser confundida com um exercício de egoísmo ou uma rejeição romântica da sociedade ou do sistema. A forte sugestão de Auchincloss é que os líderes acham muito difícil ser responsável com relação aos outros se não tiverem antes sido responsáveis com eles mesmos. Isto, por sua vez, requer que se mantenha uma distância saudável das pressões e seduções que cercam homens e mulheres de sucesso. Apegando-se a caminhos sociais desgastados, homens e mulheres podem conquistar aplausos e promoções: isto pode parecer liderança, mas com freqüência é obediência disfarçada. Líderes, sugere Auchincloss, devem ser capazes de dar as costas a poderosas e enganadoras mensagens sobre sucesso e muito trabalho para compreender o que realmente é importante para eles.

O ENIGMA TONY LOWDER

O problema de Tony começa quando o mercado de ações cai. Ele e Max, seu amigo de faculdade e sócio no escritório de advocacia, pensavam que seus investimentos eram seguros, portanto fizeram empréstimos pesados. Quando a bolsa em queda arrasta junto o valor de suas aplicações, o corretor liga para eles e pede que paguem parte da dívida marginal. Max, que trata das finanças do escritório e dos investimentos, consegue adiar o pagamento por um dia. O telefone toca de novo, com uma ligação de outro credor de Max. É Jerry Lassatta, chefe de um sindicato de caminhoneiros local e testa-de-ferro de uma família da máfia. Lassatta quer o seu dinheiro de volta agora mesmo. Depois de dizer que retorna a ligação em uma hora, Max desliga o telefone e sente que vai vomitar. Ele imagina "homens feios de cabeça redonda" rondando a casa e espancando-o.[1] Minutos depois, Lassatta liga de volta e diz a Max para encontrar-se com ele perto de um bar.

Lassatta tem uma proposta simples. Ele perdoa o empréstimo e dá a Max 40 mil dólares, que cobrirão o empréstimo, se Tony simplesmente ignorar um folder que está sobre a sua mesa. Ele documenta a escassez de fundos de uma corretora ligada à família mafiosa de Lassatta. Segundo as regras da SEC, a escassez levaria à suspensão das atividades comerciais, o que destruiria o escritório. Lassatta diz que o problema do financiamento será resolvido em duas semanas. Tony só precisa segurar o andamento do processo.

Max fica pasmo com a reação de Tony, que anda até uma janela e não diz nada por dez minutos. Depois afirma: "Então nós já chegamos aqui. Ao limiar do crime."[2] Tony parece fascinado com a perspectiva de infringir a lei. Calma e analiticamente discute o assunto com Max. Não há, diz Tony, quase nenhum risco. Seu chefe poderá acusá-lo de preguiça, mas se a corretora voltar rapidamente à solvência, ele ficará com o crédito de bom julgamento. O dinheiro do suborno viria da máfia, não do público ou do governo. De fato, o público se beneficiaria porque milhares de investidores perderiam dinheiro se a corretora fechasse as portas. E ninguém ia saber de nada, além da máfia, portanto não haveria perda de confiança no governo.

Então Tony acrescenta uma idéia que havia escapado totalmente a Max. O objetivo de emprestar dinheiro a Max era fazer Tony cair numa armadilha. Trinta por cento de juros sobre um pequeno empréstimo não chega nem aos pés do valor de uma influência mafiosa sobre um oficial da SEC. Quando ouve isso, Max pensa que Tony vai recusar, mas não percebe que o amigo vai ficando cada vez mais entusiasmado. Tony está pensando que "o importante não é o dinheiro, mas a experiência".[3] Ele vai para casa, janta com a família e fica na cama acordado até as três horas da manhã. Então, antes que a mulher e os filhos acordem, Tony liga para Max e lhe dá sinal livre para fazer o acordo.

A decisão de Tony levanta duas questões importantes, e as respostas a ambas nos mostram os riscos do sucesso. A primeira quer saber por que Tony comete um crime e coloca tudo na sua vida em risco. Se fosse apanhado, perderia todas as suas economias em honorários dos advogados, levaria a família à desgraça, colocaria um fim na sua carreira legal e política e, provavelmente, iria para a cadeia. Se ele de algum modo irritasse a máfia, colocaria a si e a sua família em risco físico. E Tony tem alternativas. Ele e Max poderiam vender um de seus investimentos, embora com perda, e usar o produto para ajustar as contas com a máfia e reduzir a sua dívida. Poderia pedir dinheiro emprestado a sua mãe, que controla um pequeno fundo de curadoria, e a Joan, sua rica amante. Tony pede ajuda à mãe e a Joan, mas recua rapidamente quando elas hesitam. Tony sabe que está fazendo uma coisa arriscada, errada e desnecessária. Então por que ele faz?

A segunda pergunta envolve uma decisão ainda mais surpreendente de Tony semanas depois. Quando Max aceita o suborno, tudo funciona tranqüilamente. Tony ignora o arquivo, a corretora é recapitalizada e a máfia paga integralmente. Temos um crime perfeito. Não obstante Tony decide colocar um fim em tudo – em Lassatta, nos vigaristas na corretora e em si mesmo. Para Tony e a sua família, o que ele fez teve as mesmas desastrosas conseqüências do que ser apanhado. De fato, durante o seu julgamento, seu filho ficou parcialmente cego depois de ser atropelado por um motorista que fugiu. Lassatta nega ser o mandante, mas ninguém acredita nele.

Então, por que Tony arrisca tudo e se entrega? A resposta é que, até cometer o seu crime, Tony está numa maré de sucesso, mas não percebe que é uma corrente forte com riscos não assinalados, perigosos. Tony está numa situação difícil, mas não sabe. Os outros pensam que ele tem uma vida que lhe exige muito, bem organizada. Tony esforça-se para dar conta das suas muitas responsabilidades, é bom e atencioso com os pais, presta serviços comunitários e tem uma excelente reputação pessoal e profissional. Além do mais, cada uma das atividades e os sucessos de Tony reforçam os outros. Sua campanha política levou a uma atenção favorável por parte do seu partido em Washington, D.C., e depois ao seu emprego na SEC. Tanto a sua campanha como a sua atuação no emprego ajudaram a atrair clientes para o escritório de advocacia que ele e Max abriram, e o sucesso do escritório ajudou a financiar os investimentos dos dois.

Todos esses relacionamentos mutuamente reforçadores e compensadores colocaram Tony na maré do sucesso. Mas havia dois sérios problemas ocultos nas aparências. O primeiro explica por que Tony comete um crime grave, e o segundo explica por que se entregou. Compreender esses dois problemas nos ajudará a extrair lições das experiências de Tony.

VIVER "COMO SE"

O problema básico na maré de sucesso é que a vida pode parecer muito boa quando na realidade não é. No caso de Tony, ele está ganhando dinheiro, montando um negócio e firmando uma reputação. Ele também trata os outros com respeito, sensibilidade e consideração. Por exemplo, Tony visita sempre o pai idoso, que está doente. Numa dessas visitas, ele gentilmente incentiva o pai, que está ficando deprimido, a tentar assistir a alguns programas de TV diferentes, e diz que virá com mais freqüência e que o ama. Minutos depois, a mãe de Tony chega em casa. Ela fica contente em ver o filho e diz que ele parece sinceramente feliz em estar ali, ao contrário da irmã, que dá a impressão de estar cumprindo mais uma obrigação na sua lista.

Para compreender por que Tony é induzido a cometer um crime grave, precisamos ver além dos sinais externos de sucesso e tentar entender o que ele pensa e sente. Lee, sua mulher, percebe que tem alguma coisa errada, apesar de todas as realizações de Tony. Mas, quando tenta fazer com que ele fale sobre a sua vida e o que o deixa contente, só consegue obter clichês – que ele gosta de fazê-la feliz e ainda a acha "a criatura mais engraçadinha do mundo".[4] Lee encerra uma conversa dizendo que Tony parece mesmo acreditar nos seus clichês e o mandando calar a boca. O que incomoda Lee é que Tony representa bem demais o seu *script* social: ele sempre sabe, quase sem nenhum esforço, o que deve fazer e dizer. Essa facilidade lhe conquista elogios, afeto, respeito e sucesso.

Mas Tony está vivendo uma vida de brinquedo automatizado, fazendo os gestos de um bom pai, um filho amoroso, um bom marido, um político charmoso e um amigo resoluto. Ele sabe dizer exatamente as coisas certas da maneira certa, mas com freqüência não entende o que está dizendo. Quando o filho, Eric, critica com aspereza os filhos de mães solteiras pobres, Tony lhe diz que todas as crianças têm os mesmos direitos. Eric diz que sabe disso, e seu pai retruca que não basta saber apenas. Você tem de sentir, diz Tony, "porque se você deixa de sentir isso, deixa de estar vivo".[5] Tony está inconscientemente descrevendo a sua própria situação difícil. Seus esforços incessantes para estar à altura dos padrões dos outros e ter sucesso embotaram a sua vida emocional e os seus instintos morais. Isso acontece de três modos.

Primeiro, Tony está cronicamente ocupado. Num mundo de pessoas inteligentes e competitivas, o sucesso toma muito tempo e exige um esforço infatigável, e Tony está tentando ter êxito num amplo leque de atividades. O resultado é que sua vida parece uma cena de teatro de variedades na qual um malabarista coloca diversos pauzinhos de pé no palco e procura equilibrar um prato que gira sobre cada um deles. Enquanto o equilibrista gira um prato, outros começam a oscilar, então ele tem de ir lá correndo e colocá-los girando novamente – mas aí outros pratos começam a se desequilibrar. O malabarista não tem tempo de refletir sobre o que está fazendo, nem Tony, conforme corre de um compromisso para outro.

Mais um problema, perversamente, origina-se do fato de que a vida de Tony está cheia de propósitos e progresso. Sua agenda está repleta de reuniões e, em geral, são muitos os telefonemas urgentes a que tem de responder. Ele também está tendo muito sucesso e isso traz a sua própria alegria, satisfação e recompensas. Não parece ter problemas – pelo menos, nenhum que o seu futuro muito brilhante não possa dar um jeito. Mas, estando em perpétuo movimento, consegue substituir o duro trabalho de lidar com questões maiores com relação à sua própria vida pelo fluxo de sucessos e satisfações.

Claro que Tony não é um robô, e ele sente, semi-inconscientemente, que alguma coisa está errada, mas nunca tem tempo ou ímpeto para descobrir o que é. De certa forma, Tony tem medo das respostas, e sua atividade frenética é um modo de evitá-las. Ele é o tipo de pessoa que o pintor Edward Degas tinha em mente quando disse: "Tem um tipo de sucesso que não se distingue do pânico."[6] Quase todo mundo tem colegas que parecem se encaixar nesta descrição: a sua energia, foco e produtividade são extraordinários – são os primeiros a entrar no prédio e os últimos a sair –, mas até os seus admiradores às vezes se perguntam se não estarão fugindo de alguma coisa.

O terceiro problema de Tony é a sua autonomia constantemente em erosão. Para outros, ele parece um homem muito independente, ativo, mas a sua própria experiência da vida cotidiana é muito diferente. Ele sente que tem pouca liberdade porque tantas outras pessoas apostam em Tony sendo Tony e precisam que ele preencha certos papéis. Tony é a grande chance na vida de Max, o centro do universo de Lee, o orgulho dos pais, uma estrela em ascensão no seu partido político, a alternativa da sua amante para um marido chato e, depois que ela é diagnosticada com um câncer, o seu grande amigo e conselheiro. As necessidades de quase todos à sua volta ajudam a manter Tony no seu mundo de ocupados, úteis, mas emocionalmente vazios sucessos.

Tony tornou-se um virtuoso num papel criado pelas pessoas e pela sociedade ao seu redor. Nesse aspecto, ele se parece com um crescente número de pessoas talentosas hoje em dia. Alunos de cursos de MBA às vezes os chamam de deuses dos currículos, num misto de admiração e desprezo. Mas os alunos reconhecem que esses deuses dos currículos não passam de uma versão exagerada deles mesmos: na discussão deste livro, quase sempre tem um aluno que diz à turma que Tony é exatamente como eles, e ninguém discorda. Depois do seu crime e da sua confissão, Tony descreve o problema dizendo que "sempre houve uma ruidosa platéia de amigos e família para aplaudir o sucesso, ou a aparência de sucesso, ou até vaiar amistosamente um fracasso".[7]

Auchincloss nos mostra que, apesar de toda a atividade intencional, Tony se sente morto por dentro. Essa é a primeira resposta para o enigma e a razão que levou Tony a aceitar o suborno. Lembre-se de que ele fica excitado, não assustado, quando Max lhe fala da oferta de Lassatta. Tarde naquela mesma noite, deitado na cama sem conseguir dormir, Tony pensa que irá renascer no dia seguinte. Durante 43 anos, ele "existiu como algo flutuando no espaço, sujeito totalmente à atração ou à repulsão de outros objetos que aconteciam de passar na sua esfera".[8] Agora, "um motorzinho abafado, enfiado nos recessos da sua psique, tinha começado a girar, vibrar, zumbir. Anthony

Lowder estava iniciando o seu próprio movimento num vazio negro, e não tinha muita importância para onde esse movimento o levaria".⁹ O crime de Tony é um tratamento de choque auto-administrado. Ele o acorda e o faz sentir-se vivo. A perspectiva de viver duas vidas – como alguém obediente e como um salafrário – o emociona.

Curiosamente, a decisão de Tony de cometer um crime é o seu primeiro ato *moral*. O físico Wolfgang Pauli certa vez zombou da idéia de um colega dizendo que nem errada ela era. Similarmente, a vida anterior de Tony não era boa nem má. Era submoral porque estava no piloto automático. O suborno é errado, claro, mas ao aceitá-lo Tony finalmente faz algo que tem conotação moral. Escolhe e comete, e isso lhe dá a sensação de que a sua vida finalmente começou. Em geral, as pessoas que acabaram de cometer um crime grave se sentem culpadas e temem ser apanhadas, mas Tony está exultante. Ele vinha vivendo como se tudo estivesse ótimo, mas a sua era uma vida "como se", não uma vida genuína ou profundamente satisfatória.

Um teste para se saber até que ponto uma doença é grave é a seriedade do tratamento que ela requer. Para Tony, o suborno, com todos os seus grandes riscos, é um remédio forte, automedicado. A maré de sucesso havia mascarado e exacerbado a sua doença e, até certo ponto, a provocara. Tony tem uma profunda necessidade de começar a agir e parar de reagir, de sentir que está vivo, e terminar com a sua existência "como se". A resposta correta, ele conclui, não é mais sucesso, mas sim arriscar tudo.

REVELAÇÃO

O segundo enigma de Tony Lowder é a sua decisão de se entregar, o que em muitos aspectos é uma calamidade. Sua família fica exposta e pobre. Seu casamento, já desgastado, termina. Os filhos, no início da adolescência, têm de lidar com um pai que passa de cidadão modelo a criminoso.

Tony toma a sua decisão apesar de avisos claros. Lee lhe diz: "Você não tinha o direito moral de destruir a sua capacidade de fazer o bem. De se tornar desprezível aos olhos dos seus próprios filhos."[10] Mais tarde, ela diz: "Você quer dizer que vai mesmo colocar em risco a vida dos seus filhos."[11] Quando Max sabe dos planos de Tony, ele pergunta à queima-roupa: "Você percebe que está colocando em risco a minha vida?"[12] O sogro de Tony, Pieter Bogardus, importante advogado de Nova York, implora para que Tony encontre outra saída. Ele diz: "Se você ficar de boca calada e voltar para o trabalho com um espírito de verdadeiro arrependimento, ainda poderá fazer muitas coisas excelentes. Você vai até ver que a sua experiência de errar lhe deu uma pista para ajudar os outros."[13]

Tony rejeita todos esses conselhos. Isso porque não está brigando com a máfia. Está desesperadamente buscando a melhor maneira de controlar a sua própria vida e mudar. A única maneira de fazer isso, ele acha, é reestruturando radicalmente os seus relacionamentos com todas as pessoas à sua volta. Para ele mudar, a visão que os outros têm dele precisa mudar, que significa estilhaçar a imagem do garoto dourado.

O título que Louis Auchincloss escolheu para a história de Tony vem do livro do Apocalipse:

Eis que venho como o ladrão. Bem-aventurado aquele
que vigia e guarda as suas vestes, para não andar nu,
e não se veja a sua vergonha.[14]

Tony quer que os outros o vejam como um ladrão, não como um modelo, porque essa é a melhor maneira, e talvez a única, de escapar da maré de sucesso.

Todos ao redor de Tony têm um amplo e pessoal interesse nos seus sucessos. A sua identidade é como um grande prédio de apartamentos que um dia foi todo seu, mas aos poucos foi sendo transformado num condomínio e vendido a outras pessoas. Tony acaba vendo que as vidas de muitas das pessoas à sua volta são tão vazias quanto a sua: ele pensa, por exemplo, que seus irmãos e sua mãe estão na verdade animados com o seu crime e castigo, porque isso alivia temporariamente o tédio que sentem.

Ao se tornar um inequívoco criminoso público, Tony está tentando romper essas relações e seus constrangimentos. Também quer ser outra pessoa. Ele diz: "Eu precisava entrar no tribunal como um salafrário apanhado em flagrante. Era melhor... Eu era mais capaz de enfrentar a podridão em mim mesmo quando não havia mais atenuantes."[15] Tony percebe que pode fazer isso apenas mudando a opinião que os outros tinham dele também. Para sair da prisão social, Tony rejeita qualquer sugestão de que é um herói lutando contra a máfia. No fim da história, quando Lee lhe pede alguma esperança e consolo, ele lhe oferece honestidade, em vez disso. Ele diz: "Tente me amar." Ela responde: "Mas você é um monstro!" Tony só responde: "Tente amar um monstro, então."[16]

QUESTÕES DE CARÁTER

O romance termina logo depois, portanto não sabemos muito mais sobre Tony ou a sua família. Ele pode ter conseguido mudar os relacionamentos íntimos e a si mesmo, mas Auchincloss não nos conta. Pelo contrário, ele nos deixa com uma dúvida: "É possível evitar o destino de Tony?"

Uma abordagem simples seria não optar pela cultura de sucesso e realizações que impregna a sociedade moderna. Isso seria seguir o conselho de Joseph Heller, autor de *Catch-22*, que certa vez escreveu: "Sucesso e fracasso são ambos difíceis de suportar. Junto com o sucesso vêm as drogas, o divórcio, a fornicação, intimidações, viagens, meditação, remédios, depressão, neuroses e suicídio. Com o fracasso vem o fracasso."[17]

Mas não optar é pouco prático e irresponsável. Pouca gente pode se dar ao luxo de ser eremita, e quase ninguém quer ser. Não optar é também negligenciar. A sociedade precisa de gente esperta e capaz como Tony para fazer o seu importante trabalho. A maré de sucesso – o elaborado mecanismo de realizações e recompensas – tira as pessoas da cama para dar duro no trabalho, mesmo naquelas manhãs em que não estão dispostas. E o sucesso traz poder, status e renda, o que permite que homens e mulheres dêem importantes contribuições para o bem-estar dos outros.

Assim, a história de Tony propõe um desafio. Como homens e mulheres podem correr atrás do sucesso e das realizações sem serem atraídos por fortes e perigosas correntes que os afogam?

Uma resposta está numa idéia peculiar: que temos sérias obrigações morais não apenas com os outros, mas com nós mesmos. A visão convencional é a de que ética diz respeito aos nossos deveres com os outros. Líderes de negócios, por exemplo, têm responsabilidade com acionistas e outros grupos; funcionários do governo, com seus eleitores.

O romance de Auchincloss sugere outra abordagem: ver essas responsabilidades como círculos concêntricos. Os anéis externos, para a maioria das pessoas, são amplas responsabilidades com relação a comunidades e sociedades. Os internos envolvem famílias, amigos íntimos e nítidas obrigações profissionais. O círculo mais interior ainda é profundamente pessoal, consistindo na responsabilidade para com você. Durante anos, Tony não satisfez essas responsabilidades básicas, e os resultados foram desastrosos. A sua história sugere quatro perguntas para gente ocupada, talentosa e bem-sucedida.

O que vejo à minha volta?

O primeiro fracasso de Tony é uma recusa em cumprir a sua obrigação de olhar ao redor, prestar atenção e pensar com cuidado sobre o pequeno universo social que habita. Ele supõe, muito naturalmente, que é um agente independente, no comando da sua vida e das suas decisões. Ao fazer isso, Tony é como a maioria das pessoas: drasticamente subestima o quanto ele é uma criatura social de verdade. Portanto ele não luta com uma dúvida crítica para os líderes: o que o meu mundo social imediato está fazendo *por* mim e *para* mim?

Embora Tony não perceba, sua família está tentando ajudá-lo. A técnica de Lee é fazer perguntas contundentes para vencer as barreiras morais e emocionais de Tony. Os seus filhos o admiram e querem que ele participe de suas vidas. Mas é só depois do seu crime que o vemos realmente pensando nos filhos, no tipo de pessoas que estão se tornando, no seu relacionamento com eles. Tony poderia aprender muito com seus filhos – eles querem que ele seja um pai melhor, mais comprometido e sensível, o que faria dele uma pessoa melhor –, mas não está prestando atenção. Finalmente, o sogro de Tony, um advogado experiente, lhe dá conselhos muito práticos sobre como se desvencilhar da máfia sem dizimar a sua vida pessoal e profissional.

Tony também não vê o que outras partes do seu mundo estão fazendo *para* ele e, mais especificamente, como estão remodelando o seu próprio eu. O que a maré de sucesso faz para as pessoas – aprovação, renda e status – é óbvio. O que faz com elas é sutil e requer muita atenção.

O suplício de Tony tem um forte paralelo na verdadeira história de um jovem chamado Denny Hansen, tema de um livro recente, *Remembering Denny*, de Calvin Trillin. Como Tony, Denny tem um futuro muito brilhante. Ele foi um astro do esporte e bolsista em Yale na década de 1950, ganhou uma bolsa de estudos Rhodes, e tinha uma sorriso incandescente de vencedor. Como Tony, Denny tinha uma multidão de admiradores, que especulavam sobre que ministérios lhes caberiam quando ele fosse presidente. Mas a vida de Denny terminou em suicídio, e um amigo seu culpou o seu potencial e precoce sucesso dizendo: "Na minha opinião, potencial é como você ter uma mochila e o tempo todo, enquanto você está crescendo, eles ficam colocando mais potencial na mochila. Não demora muito ela está pesada demais para você carregar. Você tem de aliviar a mochila."[18] Denny não pôde aliviar. Tony, sim, mas a um preço muito alto. Nenhum dos dois percebeu, até ser tarde demais, que a noção que tinham de si mesmos e do que realmente era importante para eles estava muito deturpada.

É difícil, claro, ver a nós mesmos como somos, mas um modo de compreender as forças sociais que estão nos moldando é olhar atentamente para as pessoas ao redor. Elas fizeram escolhas pessoais e profissionais similares e estão sujeitas a influências similares. Quem são elas? Como elas mudaram ao longo do tempo? O que é admirável nelas? O que não é tão admirável? A idéia é olhar ao redor sem fazer a confortável suposição de que você é muito diferente dos outros. Se essas pessoas à sua volta estão sendo vítimas de doenças relacionadas com estresse, você pode estar correndo risco. Se as pessoas com quem estão casados basicamente criam os filhos sozinhas, então o seu cônjuge deve estar fazendo a mesma coisa. Se estão preocupadas com desempenho a curto prazo, não se iluda achando que você está vendo e agindo no quadro maior.

Tony poderia ter observado melhor Max – seu grande amigo dos tempos de faculdade e sócio no escritório de advocacia, administrador político e co-investidor. Os pontos fracos de Max eram evidentes muito antes de pedir dinheiro emprestado à máfia e implorar para que Tony aceitasse o suborno. Tony é muito mais parecido com Max do que percebe, mas a idéia nunca lhe ocorreu – mesmo sendo eles dois peixes que nadam alegremente juntos no mesmo aquário. Tony falhou numa obrigação básica consigo mesmo. Continuou lançando-se para frente em vez de parar, olhar ao redor e prestar atenção no que estava se transformando. Se Tony tivesse feito isso, sua vida e a de sua família teriam sido muito diferentes, e ele talvez tivesse feito uma verdadeira diferença no mundo.

Serei um pouquinho gentil demais?

O tormento de Tony ensina-lhe outro dever que ele tem consigo mesmo e com os outros; a obrigação de ser realista e honesto, mesmo quando isso dói. Antes de aprender a sua lição, Tony é basicamente gentil demais. Ele segue um velho adágio – se não tiver nada de bom para dizer a uma pessoa, não diga nada – e o perverte. Sempre que Lee insiste com ele para uma conversa honesta ou pergunta o que realmente sente por ela, ele a engana com clichês. Tony não sabe ao certo o quanto a ama, e não quer que ela sofra dizendo isso.

A gentileza de Tony também aparece na sua relutância em usar categorias morais básicas. Seu caso com Joan está errado, mas Tony o disfarça – primeiro como um esperto e comum passatempo social e depois como dedicação a uma amiga com uma doença grave. Tony sabe que Max é um cúmplice e alpinista social ganancioso e sem escrúpulos, mas ele realmente jamais reconhece isso ou se afasta de Max. Se Tony tem um vocabulário moral funcionando, nunca o usa para descrever Max, e ele o trata bem, ano após ano.

A amável tolerância ajuda Tony a ter sucesso, mas é preciso um crime para tirá-lo dessa atitude indulgente e cômoda. Ele mostra clareza moral primeiro quando Max quer fingir que o suborno de Lassatta não é exatamente isso, e que ele, e não Tony, seria a parte culpada. Tony rejeita bruscamente as racionalizações de Max: sabe que está fazendo algo errado, e está fazendo *porque* é errado. Mais tarde, assume toda a responsabilidade pelo ato criminoso, em vez de tentar disfarçá-lo como um valente ataque à máfia.

No início, Tony é a única vítima e beneficiário da sua recém-encontrada honestidade, mas logo ele a estende aos outros. Depois de se recusar a salvar a sua pele cometendo perjúrio no tribunal, pára de cometer o perjúrio social que todos à sua volta esperam dele. Rejeita o rótulo de herói e se diz um "salafrário".[19] Quando Tony é dominado pela culpa, ele reconhece isso e diz por quê. A honestidade dolorida preocupa Lee, o sogro, Max, os filhos e os leitores de jornais de Nova York porque Tony era o seu ícone de sucesso. Mas ele persiste – porque quer reconstruir seus relacionamentos próximos sobre bases honestas e sólidas.

Para Tony, honestidade significa contar aos outros o que aprendeu sobre si mesmo e sobre os novos termos, segundo os quais vai viver. Ele logo aprende que honestidade não comunica apenas; ela também reformula. Suas máscaras e disfarces se foram, como a platéia para quem ele sempre esteve representando, inclusive Max, que entra no programa de proteção às testemunhas, e defensores políticos de Tony. Sua mulher e os pais jamais voltarão a vê-lo sob a mesma luz cintilante. Isso torna a vida mais difícil para muita gente, em particular a de seus filhos, que são vítimas inocentes do seu crime e da sua expiação, mas pelo menos ganham um relacionamento honesto com o pai.

Estou disposto a ter menos sucesso?

Tony funciona a plena capacidade, ignorando que é uma prática arriscada – para máquinas, fábricas, economias e, em especial, para seres humanos e líderes. A busca a todo o vapor de triunfo deixa Tony morto emocionalmente, não lhe dá tempo para pensar sobre o que quer fazer na realidade e por quê, torna mais fácil fugir dos problemas na sua vida e o distrai dos sinais sutis e não tão sutis que as pessoas à sua volta estão enviando. A maior parte do tempo, Tony está administrando a sua vida em vez de vivê-la.

Operar na capacidade total até prejudica a sua busca de êxito: ele está tentando fazer tantas coisas que acaba sendo muito difícil fazer qualquer uma delas bem. Durante longos períodos, tudo que dá aos filhos são tapinhas na cabeça, e a mulher só recebe clichês. Ele poderia ter vencido sua corrida política, se ela tivesse recebido toda a sua atenção. Se ele tivesse feito um grande investimento em vez de dois, poderia ter pago a dívida. Se o seu escritório de advocacia inexperiente tivesse ganhado mais dinheiro, Max poderia ter ignorado a oferta da máfia.

Tony está simplesmente tentando fazer demais. Ele poderia ter recusado algumas atividades e evitado assumir muitas responsabilidades para com os outros. Em resumo, num mundo que exige um excesso crônico de sucessos, a obrigação de Tony é ter menos sucessos. Isso pode parecer autocentrado, especialmente para uma pessoa "neuroticamente altruísta" como Tony, mas ele tem importantes responsabilidades com relação a si mesmo, e o seu fracasso em satisfazer suas responsabilidades pessoais aumenta as chances de fracasso pessoal e profissional.[20] Para Tony, menos poderia ter sido muito mais.

A razão disso não é a visão comum de que as pessoas precisam recarregar suas baterias. Fábricas precisam de um tempo para manutenção e reparos, e sistemas que nunca operam a plena capacidade a curto prazo podem funcionar melhor a longo prazo. Mas essas visões transformam seres humanos em máquinas. Elas supõem que o objetivo básico é a maximização eficiente do sucesso. O fundamento lógico para a falta seletiva de sucesso é diferente. Michel de Montaigne, o brilhante ensaísta francês, moralista e observador, diz assim:

> Somos uns grandes tolos. "Ele passou a vida toda no ócio", dizemos; "Não fiz nada hoje." Como, você não viveu? Essa não é apenas a fundamental, mas a mais ilustre das suas ocupações... Compor o nosso caráter é nosso dever, não compor livros, e vencer, não batalhas e províncias, mas ordem e tranqüilidade na nossa conduta. Nossa grande e gloriosa obra-prima é viver apropriadamente.[21]

Essa é uma lição que Tony pode ter começado a aprender, depois de se retirar da rede de relacionamentos e expectativas que moldaram e deformaram sua vida. Como um delinqüente condenado, ele jamais será um líder público. Mas agora tem um novo objetivo, mais modesto e alcançável — viver nos seus próprios termos, viver honestamente, mover-se no ritmo e na direção que ele define, e fazer uma autêntica diferença na pequena esfera de vida à sua volta.

Eu sei por que e sinto por quê?

Olhar ao redor, praticar a honestidade desconfortável e escolher o pouco sucesso seletivo são obrigações importantes que Tony tem consigo mesmo, e ele não as satisfaz. E também ignora uma obrigação final consigo mesmo, que é ainda mais importante do que essas três e provê seu fundamento.

Lembre de que até Tony cometer o seu crime, ele só dá explicações mais superficiais sobre o seu propósito e objetivos na vida. Ele não tem convicções religiosas. Tem crenças políticas, mas não temos noção de por que ele as sustenta – talvez, como tantas outras coisas na sua vida, sejam convenientes. Quando Lee pergunta a Tony se ele acredita em Deus, ele só responde que não. Quando ela quer saber qual é o seu código moral, ele foge da pergunta. Quando Lee sugere que a vida talvez não tenha propósito, Tony só responde que "existe um interesse em ser feliz".[22] Nenhuma dessas perguntas cruciais interessa a Tony.

É preciso a proposta de Lassatta para fazer Tony pensar muito em algo sério. Ele não passa um momento pensando em Deus, mas examina cada faceta do suborno. Não sente nada quando Lee pergunta sobre o seu código moral, mas o acordo com Lassatta o deixa excitado. O crime é errado, claro, mas a sua maneira de pensar a respeito dele é perversamente correto: sua mente e o seu coração estão ambos envolvidos. E, depois de tomar a decisão, ele pode explicá-la.

Essa escolha marca uma mudança dramática na vida de Tony – do enfoque *naquilo* que ele está fazendo para *por que* está fazendo –, e ele continua fazendo isso durante o ano que antecede seu julgamento. Tony tem pouco a fazer nesse período – sua família está escondida e ele não tem um emprego – e é então que finalmente entende o que precisa e o que é importante para ele.

Depois do seu suplício, Tony começa realmente a pensar nos filhos. Imagina passar as noites em casa com eles, ajudando nos deveres ou assistindo à televisão. Diante do que ele fez, também decide virar caixeiro-viajante, portanto não estará sempre por perto e seus filhos podem ter vidas e relacionamentos fora da sombra imediata do seu infame pai. Tony está finalmente seguindo o excelente conselho que um dia deu ao filho: não basta saber que alguma coisa é importante – a pessoa também precisa sentir. Tony aprendeu tarde e penosamente essa lição, mas agora tem de satisfazer suas obrigações consigo mesmo. Isso, por sua vez, ajuda-o a começar genuinamente a satisfazer suas obrigações com as pessoas à sua volta, em vez de representar com fidelidade seus papéis sociais.

RESISTÊNCIA SAUDÁVEL

Antes do seu crime, Tony era um líder – ou pelo menos parecia ser. Ele era ativo na sua comunidade, tinha aberto o seu próprio escritório de advocacia e se lançado numa promissora carreira política. Mas não havia se envolvido no duro trabalho pessoal que é a base da liderança saudável. Tony poderia ter feito as coisas de outra maneira e melhor? Auchincloss deixa essa questão em aberto, incentivando-nos a resolvê-la sozinhos.

Gostaríamos de pensar que Tony poderia ter mudado aos poucos, em vez de confiar na técnica do *big-bang* para se autoreformar. Essa visão é muito mais atraente do que a idéia fatalista de que a vida de Tony tinha de ficar bem pior antes de poder melhorar. Por outro lado, a maré de sucessos estava carregando-o com muita rapidez antes do seu crime e ele nem sabia que tinha problemas – portanto, talvez precisasse de uma terapia de choque.

A história de Tony também pode ser lida como encorajamento – se não for mal compreendida. Não há nada de errado no seu desejo de ter sucesso, ou no sucesso em si. Suas vitórias são reais e merecidas, e o sucesso lhe proporciona o poder de dar autênticas contribuições à sociedade. Conforme disse Maquiavel um dia, um homem sem uma posição na sociedade não consegue fazer um cachorro latir para ele.

O problema de Tony era que ele não conseguia resistir à maré de sucesso. A sociedade premiava o seu talento e esforço com reconhecimento, oportunidades atraentes e tarefas dignas de serem cumpridas. Antes do seu crime, Auchincloss jamais nos mostra Tony lutando com questões difíceis – questões que o teriam obrigado a parar, refletir e resistir a algumas das pressões e estímulos ao seu redor. Quanto da minha vida e do meu trabalho parece genuinamente gratificante? Quanto é "como se"? Posso realizar mais e viver melhor dizendo não seletivamente e tendo menos sucessos? Como me sinto com relação ao meu trabalho e à minha vida – se eu suponho que não sou assim tão diferente das pessoas a minha volta e que o destino delas pode muito bem ser o meu? Preciso "aliviar" um pouco a bagagem que estou carregando?

Essas questões podem conduzir a respostas constrangedoras. Ao mesmo tempo, podem ajudar homens e mulheres talentosos, esforçados, a desenvolverem a capacidade de resistência e abrir um pouco de espaço para pensar e agir por si próprios. Sem uma esfera de autonomia, eles se arriscavam a ficar como Tony – alguém cujo currículo diz "líder", mas cuja vida interior está empobrecida demais para assumir e manter comprometimentos a longo prazo com outras pessoas e objetivos mais amplos.

Tivesse evitado essa armadilha, Tony poderia ter dado contribuições reais à sua comunidade. Uma longa série de oportunidades de servir e contribuir teria se aberto para ele. Mas ele não estaria sem um lar. Quando homens e mulheres não têm dúvidas quanto ao que é realmente importante para eles, e quando seus talentos e energias os transportam para posições de sérias responsabilidades, eles inevitavelmente enfrentam outro desafio: o choque entre princípios e pragmatismo. Esse desafio é o resultado direto e inevitável de ter fortes princípios pessoais e sérias responsabilidades práticas, e é um dos testes mais difíceis para o caráter de um líder.

CAPÍTULO 7

Como combino princípios e pragmatismo?

HÁ POUCOS ANOS, uma jovem mulher tinha um emprego privilegiado num banco de investimentos de Nova York e estava trabalhando numa compra de controle acionário de alta visibilidade. Ela dividia apartamento com uma grande amiga dos tempos da faculdade, que trabalhava num banco comercial que estava oferecendo o financiamento provisório para o acordo. Como ambas haviam assinado um compromisso de sigilo, jamais falavam sobre seus clientes, mas a que trabalhava no banco de investimentos chegou em casa numa sexta-feira à noite e encontrou a amiga muito aflita.

No início, a amiga não queria falar, mas mudou de idéia quando a outra prometeu não comentar nada. O caso é que a amiga havia perdido o emprego cedo naquele dia porque o banco comercial estava fechando uma importante unidade de empréstimos. A outra, a do banco de investimentos, percebeu logo que isso colocaria em risco o acordo em que estava trabalhando – principalmente porque o banco comercial não iria contar ao banco de investimentos sobre a sua decisão até o início da semana seguinte.

A moça do banco de investimentos estava numa situação difícil. Não queria quebrar a promessa à amiga, mas também sentia que era seu dever informar o seu chefe sobre o financiamento em perigo. Ela acabou pressionando a amiga para entrar em contato com seu ex-empregador e conseguir uma autorização para comunicar ao banco de investimento na segunda-feira de manhã, no máximo. O banco comercial fez isso, e o acordo foi levado a cabo sem qualquer problema. Mas, quando o chefe da moça que trabalhava no banco de investimentos soube o que ela havia feito, ficou furioso por ela não ter lhe telefonado imediatamente e lhe disse: "Num banco de investimentos não tem lugar para meninas escoteiras."

Nas discussões sobre esse caso, quase sempre as pessoas se retraem ao ouvir essa frase, que soa sexista e amoral. Mas outros argumentam energicamente dizendo que o chefe teria dito "garotos escoteiros" para um funcionário do sexo masculino porque o seu verdadeiro objetivo era comunicar, da maneira mais convincente possível, os sérios riscos práticos que a jovem bancária havia criado. O banco comercial havia agido de uma forma pouco profissional ao retirar o financiamento na última hora. Isso comprometia a compra, o futuro do negócio que estava destinado a financiar, centenas de empregos e milhões de dólares.

O chefe estava dizendo, com efeito, que homens e mulheres podem não estar talhados para postos de liderança, se os seus princípios os impedem de pensar de maneira prática. Esse desafio se torna mais crítico conforme os líderes assumem responsabilidades maiores. Suas decisões, então, afetam um número grande de pessoas, os riscos são maiores, as trocas ficam mais complexas e às vezes forçadas. Uma quantidade maior de outras pessoas e organizações é afetada por suas decisões. A tensão entre princípios e pragmatismo acompanha os líderes até o último dia de suas carreiras.

Claro, queremos que líderes sejam ao mesmo tempo pessoas de princípios e pragmáticas. Princípios apenas qualificam homens e mulheres para serem pregadores ou santos. Eles podem nos inspirar e guiar, mas em geral não fazem os trens andarem com pontualidade. Pragmatistas puros podem abrir as suas caixas de ferramentas e começar a trabalhar, mas sua amoralidade os torna perigosos.

Combinar princípios e pragmatismo é um dos desafios mais difíceis que os líderes enfrentam. Okonkwo tinha princípios muito fortes, mas ele os usava como uma marreta e não liderava ninguém. O idealismo de Jerry o deixou exausto tentando cuidar de Vesta e dos seus outros clientes, e ele só adiava o inevitável. Tony Lowder achava que tinha um plano responsável para proteger a sua família e entregar a quadrilha de criminosos, mas Max foi muito mais pragmático e chegou ao promotor antes de Tony. E Monroe Stahr, como Fitzgerald esboçou na sua história, acabou sucumbindo aos implacáveis pragmatistas ao seu redor.

Essas histórias sugerem uma perturbadora lição para os líderes. Em casa, podem ser honestos e cheios de princípios. No trabalho, precisam ser duros e insensíveis – se não, como outros caras bonzinhos, acabam por último. Temos aqui uma lição desanimadora, mas que não pode ser descartada. O historiador britânico Richard Tawney escreveu: "Argumentar, ao estilo de Maquiavel, que existe uma regra para os negócios e outra para a vida privada é abrir a porta para uma orgia de falta de escrúpulos diante da qual a mente se retrai. Dizer que não tem diferença nenhuma é formular um princípio que poucos homens que enfrentaram a dificuldade na prática estarão preparados para endossar."[1]

Queremos e precisamos de líderes que sejam pragmatistas moralmente sensíveis. Mas isso será lhes pedir que façam do círculo um quadrado? Um inglês extraordinário, como foi retratado numa notável peça de ficção histórica, pode nos ajudar a resolver a charada da liderança baseada em princípios. O inglês é Thomas More. Ele viveu de 1477 até 1535, e é lembrado basicamente como um mártir da sua religião e dos seus princípios. O soberano de More, o rei Henrique VIII, havia exigido de todas as figuras políticas e religiosas importantes que fizessem um juramento reconhecendo que o rei da Inglaterra, e não o papa, era o verdadeiro chefe da Igreja Anglicana. Henrique queria se conceder um divórcio da sua esposa estéril, casar com a amante, e gerar um herdeiro para o seu trono. More, católico devoto e proeminente estadista, recusou-se a prestar o juramento. Durante um ano, o rei e seus agentes mantiveram More em solitário confinamento na Torre de Londres. Como não funcionou, usaram o falso testemunho para condená-lo por alta traição. More foi sentenciado à morte e decapitado. Jonathan Swift, o brilhante satírico e moralista irlandês, chamou-o de "a pessoa de maior virtude que estas ilhas jamais produziram".[2] Nomeado cavaleiro pela Inglaterra e canonizado pela Igreja Católica, ele é chamado de Sir Thomas More e Santo Thomas More.

More preferiu princípios em vez de pragmatismo − mas só bem no fim da sua vida e apenas quando não tinha mais escolha. Antes dessa decisão fatal, More havia combinado as duas coisas de várias maneiras notáveis e instrutivas. Ele foi um homem dos mais altos princípios, mas isso não o impediu de ter sucesso e prosperidade. De fato, seus princípios eram apenas um aspecto de uma personalidade muito complexa.

O HOMEM QUE NÃO VENDEU SUA ALMA

Thomas More foi lorde chanceler, presidente da Câmara dos Pares, da Inglaterra, conselheiro e amigo do rei Henrique VIII, um próspero advogado, espirituoso conversador, católico devoto, talvez o maior poeta do seu século, brilhante autor de textos sobre política, leis e teologia, e um marido e pai dedicado. Era um tradicionalista, profundamente enraizado na fé católica, mas fascinado com a nova cultura do Renascimento. Sabia ser severo e fanático, mandando hereges para a fogueira, mas também alegre e brincalhão. Em certa ocasião, More colocou um grupo de embaixadores à prova, com um trocadilho.[3] More apreciava sua vida − sua família, suas conexões políticas e atividades intelectuais −, mas também passava uma hora rezando todos os dias e jejuava com freqüência.

Quando olhando além da morte de More examinamos a sua vida extraordinária, vemos um leque de formas práticas e às vezes surpreendentes de abordar a tensão entre princípios e pragmatismo. Apesar das suas profundas convicções, More não exibia os seus princípios. Muitas vezes, nem dizia aos outros o que pensava. Pelo contrário, tinha o costume de usar uma grande variedade de artifícios para comunicar aos outros as suas convicções. Às vezes ele os provocava, outras vezes os frustrava ou irritava. Mas também os fazia rir. E More quase sempre preferia fazer os outros lutarem para compreender as suas ações ou crenças.

More via a sua liderança como uma forma vigorosa e provocante de ensinar. Ela chamava a atenção das pessoas, os cativava e os fazia lutar com os princípios que para ele eram tão importantes. More permaneceu fiel aos seus princípios mais arraigados, mas também era capaz de ser brilhantemente pragmático. Foi assim que conseguiu, durante vários anos perigosos, proteger a si mesmo, a sua família e as suas convicções.

Embora muitos livros tenham sido escritos sobre More, não existe um retrato definitivo da sua vida. Este capítulo baseia-se quase todo num extraordinário estudo ficcional de More, a peça *O homem que não vendeu sua alma*, de Robert Bolt. Há quarenta anos, esse drama estreou recebendo os aplausos da crítica e do público em geral em Londres e Nova York, e uma versão para o cinema mais tarde conquistou o Oscar de melhor filme. A peça culmina com a morte de More, mas – como o título sugere – também nos mostra sua vida. Bolt entremeou no drama muitas das próprias palavras de More, extraídas de seus volumosos escritos. O Thomas More que ele nos apresenta é um homem honrado, numa posição de liderança nacional, tentando navegar em águas políticas profundas e arriscadas.

A peça começa com More em casa numa noite de verão, divertindo-se e recebendo amigos. Ficamos conhecendo o camareiro de More, um jovem estudioso e cheio de ambições, chamado Richard Rich, que quer que More lhe arrume um emprego, e a mulher de More, Alice, que está numa amável discussão sobre falcões com um grande amigo da família, o duque de Norfolk. A filha de More, Margaret, também está ali, falando sobre um controvertido escritor italiano chamado Nicolau Maquiavel. More está relaxado, entretido e cortês – até que chega um mensageiro e o convoca para um encontro imediato com o cardeal Wolsey, o lorde chanceler da Inglaterra.

Wolsey é o segundo homem mais poderoso da Inglaterra, e dizem os rumores que ele está mexendo os pauzinhos para ser papa. Wolsey é corpulento, inteligente e extremamente pragmático. Quer que More apóie o esforço do rei para anular o seu casamento com Catarina de Aragão. Assim ele poderia se casar com a amante, Ana Bolena, que talvez desse um herdeiro inequívoco ao trono. Wolsey pressiona More – com argumentos, adulações e ameaças mal veladas –, mas More não se curva e não diz por quê. O encontro termina rispidamente, com Wolsey dizendo a More: "Coloque os pés na terra, Thomas... E até lá, lembre-se de que você tem um inimigo!"[4]

More opõe-se ao divórcio, o que coloca a ele e a sua família em sério risco. Sua época de cordial vida familiar, sucesso profissional e aclamação pública está terminando, e começa uma era sombria de desconfianças, hostilidade e ameaças. More precisa encontrar um jeito de continuar fiel às suas profundas convicções religiosas, mas sem proclamar oposição ao rei – é por isso que ele responde a Wolsey com o silêncio. Essa tática é apenas uma das muitas maneiras inteligentes, imaginativas e com freqüência não ortodoxas com que More combina princípios e pragmatismo.

QUESTÕES DE CARÁTER

A melhor maneira de aprender com o notável estilo de liderança baseada em princípios de Thomas More é ver a peça do começo ao fim, assistir ao torniquete fechando-se lentamente ao redor de More e ver como ele reage. Uma série de perguntas ressaltam as suas táticas.

Eu subestimo o humor cordial?

A primeira das táticas de More é surpreendente. Ele é um homem sério vivendo em tempos arriscados, mas quase sempre conta com um humor delicado e sutil para comunicar princípios de maneira prática. No início da peça, More fala com Matthew, o camareiro que administra a sua casa. Ele lhe pede vinho, e Matthew lhe dá uma caneca. More olha dentro da caneca e pergunta a Matthew se o vinho é bom. O camareiro, que aparentemente estivera provando o vinho, responde: "Deus o abençoe, senhor! Eu não sei." More retruca com suavidade: "Deus o abençoe, também, Matthew."[5] More poderia tê-lo acusado de surrupiar um drinque e mentir, e ameaçar castigá-lo por isso. Mas, delicadamente, faz Matthew saber que foi apanhado e que não deve voltar a fazer a mesma coisa. Se o problema continuar, More poderá tomar uma atitude mais rígida, mas por enquanto, com graça e um toque de espirituosidade, gentilmente notifica Matthew.

Esse, é claro, é um incidente sem importância, mais tarde naquela mesma noite, porém, quando o cardeal Wolsey interroga More, o que está em jogo é muito mais do que isso. Em termos pessoais, More está sob severa pressão para violentar suas convicções e apoiar o divórcio do rei. Em termos políticos, Henrique com o seu plano arrisca-se a uma guerra civil e a um cisma com a Igreja.

Nessas circunstâncias, o humor parece inoportuno, mas More o usa com habilidade. Num determinado momento, More e Wolsey olham pela janela e observam Henrique voltando para o castelo, supostamente depois de uma noite com Ana Bolena ou, como diz Wolsey, de "brincar na lama". Então Wolsey comenta com More: "O rei quer um filho; o que você vai fazer a respeito?" More sabe que não pode apoiar o divórcio do rei, mas não diz isso. Pelo contrário, ele responde: "Estou certo de que o rei não precisa dos meus conselhos sobre o que fazer nesses casos." Momentos depois, Wolsey volta a perguntar o que More vai fazer para ajudar Henrique a ter um filho, More diz que reza por isso todos os dias.[6] More está delicadamente dizendo a Wolsey que o rei deveria procurar ter um filho com a sua esposa, não com a amante. Sua leve espirituosidade tem a intenção de amaciar as arestas de uma nítida discordância, evitar uma confrontação violenta e desviar Wolsey de um assunto melindroso e explosivo. Até certo ponto, More consegue. Wolsey não explode, e a conversa passa da possibilidade de More apoiar o rei para a questão do papel que a consciência deveria representar nas decisões públicas de um oficial do governo. Wolsey argumenta que a consciência de More não deveria impedir esforços cruciais para evitar uma guerra civil. More responde: "Eu acredito que, quando estadistas renunciam à sua própria consciência particular em benefício de seus deveres públicos... eles conduzem o seu país por um atalho até o caos."[7]

A sagacidade de More transfere a discussão para questões mais amplas e indiretamente levanta a questão da consciência do próprio Wolsey. As chances de que Wolsey reconsidere as suas opiniões são poucas, mas More pelo menos tentou. Logo em seguida, Wolsey volta a ameaçar More, que responde em tom de brincadeira. Exasperado, Wolsey diz a More que ele deveria ter sido padre, ao que este retruca: "Como o senhor, Excelência?"[8] O comentário é arriscado – o sarcasmo poderia alimentar a ira de Wolsey –, mas More ainda espera tocar na consciência de Wolsey e fazê-lo reconsiderar a sua posição.

More é um homem profundamente espiritual, mas sabe como o mundo funciona. Compreende que as pessoas não gostam de ouvir sermões, de ser repreendidas ou que lhe mandem calar a boca. Portanto, mesmo quando pode falar o que pensa com segurança, mantém reserva quanto aos seus princípios. Por exemplo, quando More volta para casa depois do encontro com Wolsey, encontra a filha, Margaret, e o namorado, Will Roper, esperando por ele. Margaret lhe conta que Roper quer se casar com ela. More imediatamente diz que ele não pode. Todos sabem por que, e o assunto é melindroso, portanto More não diz mais nada. Mas Roper não desiste, e força More a dizer: "Roper, a resposta é 'não'. E será 'não' enquanto você for um herege."[9] Roper então inicia uma longa arenga contra a Igreja e o papa. Isso irrita Margaret, que diz: "Você não tem noção do *lugar*!" A situação está ficando feia, mas More imediatamente a acalma dizendo: "Você não tem noção da hora."[10] Logo estão falando de como Will pode voltar para casa, e More lhe empresta um cavalo.

More não vê nenhum propósito numa discussão áspera, tarde da noite, sobre religião. Só quando pressionado, diz a Roper o que pensa, e em seguida rapidamente baixa de intensidade com humor. More também compreende que valores pessoais, como os de Roper, têm raízes profundas: quase ninguém os muda simplesmente porque outras pessoas, até indivíduos altamente respeitados como Thomas More, fazem declarações óbvias de seus próprios princípios básicos.

Conforme os tempos vão ficando cada vez mais sinistros e assustadores, More encontra poucas ocasiões para humor. Mas até bem no fim da vida, quando está para ser executado, ele usa a finura da sua graça para transmitir sérias convicções. Um momento antes de ser decapitado, More diz ao carrasco: "Espere até eu colocar a minha barba de lado, pois essa não cometeu nenhuma traição."[11] Por que usar humor num momento como esse? Talvez para consolar o carrasco que vai executar um homem digno, reverenciado por todos. Talvez para comunicar a convicção de More de que ele está apenas perdendo o seu corpo – uma ninharia comparada com a salvação da sua alma e a obediência à vontade de Deus. Testemunhas da execução se lembraram desse leve, mas agudo comentário, que agora faz parte dos dizeres mais famosos de More.

Liderança é um negócio sério, portanto o humor parece inoportuno, mas o exemplo de More sugere diferente, como os exemplos de muitos outros líderes. Em 1962, o presidente John F. Kennedy deu ao seu amigo de longa data e assistente pessoal, David Powers, uma caneca de prata cuja inscrição dizia: "Há três coisas que são verdadeiras: Deus, a Loucura Humana e o Riso. As duas primeiras fogem à nossa compreensão, portanto, devemos fazer o possível com a terceira."[12] O humor, é claro, traz diversão, prazer e alívio. Para os líderes, pode também servir como um jeito delicado, amistoso, de cutucar e guiar pessoas de mente firme e independente que os bons administradores querem trabalhando com eles.

Esse tipo de humor não deve ser confundido com piadas: em outras palavras, não deve começar com frases como: "Já escutou a do padre, do rabino e do bombeiro?" Nem ser confundido com gracejos como quando o presidente Reagan disse para a equipe da sala de emergência depois de receber um tiro: "Espero que vocês todos sejam republicanos." Nem esse humor é à custa dos outros. O exemplo de More é claro: o seu humor é uma tática que serve a um propósito maior. Humor desse tipo provoca pausas, assim como risadas, quando os ouvintes entendem o significado do que foi dito. Margaret Thatcher não era conhecida pelo seu humor, mas às vezes dizia para suas platéias só de homens: "Os galos cantam, mas é a galinha que coloca o ovo."[13] Os homens riam e depois ficavam com alguma coisa para pensar.

Posso dramatizar?

O cardeal Wolsey morre semanas depois do encontro tarde da noite com More, e Henrique o nomeia como o novo lorde chanceler – porque More é muito admirado e porque o rei confia nele. Quando More pergunta a Henrique por que foi escolhido, o rei diz:

Porque você é honesto. E o que vem mais a propósito, você é conhecido como uma pessoa honesta...Tem gente como Norfolk que me segue porque eu uso a coroa, e tem aqueles como Master Cromwell que me seguem porque são chacais de dentes afiados e eu sou o seu leão, e tem uma multidão que me segue porque vai atrás de qualquer coisa que se movimenta – e nela está você.[14]

More aceita o cargo de chanceler porque é um inglês patriota, porque Henrique ordenou e porque acredita que será um chanceler melhor do que os outros candidatos. Mas isso coloca More numa posição muito estranha: a sua recusa em apoiar o divórcio ficará ainda mais evidente para a nação e mais desconfortável para Henrique.

O rei é um homem charmoso, cheio de talentos e determinado – uma força da natureza que é extremamente egoísta e capaz de atos de crueldade sem hesitações. A família e os amigos de More sabem que ele agora está em perigo. Preocupam-se com ele, avisam-no e às vezes insistem para que ele apóie o divórcio. More quase sempre responde de uma forma notável. Em vez de simplesmente afirmar seus princípios, ele se torna um professor e continua um pragmatista. Ele encontra meios de dramatizar com vigor as suas opiniões, enquanto mantém a si mesmo e a sua família e amigos fora da confusão.

More faz isso com mais freqüência com seu bom amigo, o duque de Norfolk. Os dois são um par estranho – o duque é um soldado e esportista franco e simples, enquanto More é um advogado e intelectual –, mas os dois são dedicados um ao outro. More tem sempre de reunir todas as suas habilidades – de advogado, conselheiro e escritor – para se explicar a Norfolk.

Num determinado momento, por exemplo, Norfolk diz a More que não deveria ter medo de lhe dizer o que pensa. Este é o diálogo que se segue.

MORE (*Olha para ele, puxa-o de lado; num tom de voz mais baixo*): Dá-me a sua palavra de que o que dissermos aqui fica entre nós e não tem existência além destas paredes?

NORFOLK (*Impaciente*): Tudo bem.

MORE (*Quase sussurrando*): E se o rei ordenar que você repita o que eu disse?

NORFOLK: Eu mantenho a minha palavra com você!

MORE: Então o que foi feito do seu juramento de obediência ao rei?

NORFOLK (*Indignado*): Você está tentando me pegar numa armadilha!

MORE (*Agora ficando calmo*): Não, eu lhe mostro como são os tempos.

NORFOLK: Por que me insulta com esses truques de advogado?

MORE: Porque tenho medo.[15]

Embora Norfolk queira pensar diferente, More não está brincando. Está tentando dramatizar o que acontece na Inglaterra, portanto finge sussurrar uma confidência para Norfolk e depois rapidamente o prende no laço. Ele quer que Norfolk entenda como é fácil ser acusado de desobediência ao rei ou até de traição, ofensas que levam à prisão, tortura e morte. Falta a Norfolk a perspicácia política de More e ele não vê o perigo. Mesmo depois que More o apanha na armadilha, Norfolk ainda não quer ver a realidade. Portanto, More tenta outro ataque: uma simples, direta e pessoal declaração de que está com medo – mesmo ocupando o poderoso cargo de lorde chanceler e tendo a confiança pessoal de Henrique.

More é pragmático, com Norfolk e com os outros, de outro modo: ele compreende a meia-vida curta de qualquer esforço isolado para comunicar princípios. Isso é uma coisa que todos os líderes precisam entender. Por exemplo, John Kotter, uma muito respeitada autoridade em liderança, disse que executivos comunicam-se mal dez vezes mais quando se trata de assuntos importantes. Em outras palavras, líderes podem facilmente supor que todos na organização ondem trabalham estejam pensando como eles em questões críticas. Mas a realidade é que a maioria das pessoas, quase o tempo todo, tem muitas outras coisas na cabeça: suas tarefas para o dia, fofocas no escritório, assuntos de família, placares esportivos e planos para a noite ou fim de semana. Diante disso tudo, a comunicação clara e eficaz é uma autêntica vitória e uma forma de arte menor.

Norfolk é um homem forte, de confiança, um membro da classe governante inglesa e um soldado. Num nível visceral, é muito difícil para ele acreditar que ele ou More possam estar mesmo em perigo. More sabe disso e age de acordo, como amigo e como líder. Por exemplo, quando um grupo do governo mais antigo e oficiais da Igreja apresentam a More uma longa relação de indivíduos que apóiam o rei, Norfolk diz: "Que se dane, Thomas, veja esses nomes... Você conhece esses homens! Não pode fazer o que eu fiz e vir conosco, por camaradagem?" Como um amigo dedicado, Norfolk acredita que está apelando a More da maneira mais forte possível. A resposta de More, como seus comentários sobre tempos perigosos, é sucinta, elaborada com cuidado e com um alvo preciso. Ele pergunta a Norfolk: "E quando estivermos diante de Deus, e você for para o Paraíso por agir de acordo com a sua consciência, e eu for condenado por não agir de acordo com a minha, você virá comigo, por camaradagem?"[16]

A abordagem de More é ao mesmo tempo sutil e forte. Ele lembra a Norfolk que ele, também, é mortal e enfrentará o dia do juízo final. Pede a Norfolk que imagine como ele vai se sentir se More for condenado ao inferno e separado de Norfolk para sempre, por causa do conselho de Norfolk. Como um bom professor, More evita frases explícitas do tipo: "Você sabe que valorizo a nossa amizade, mas preciso seguir a minha consciência." Em vez disso, ele usa uma pergunta pessoal penetrante –

evocando morte, camaradagem, e os altos riscos da salvação e danação. Ele quer excitar a imaginação de Norfolk, os seus temores e esperanças e fazê-lo pensar sobre o que More está dizendo.

Os melhores líderes são excelentes professores. Como More, sabem que a sinceridade e a verdade pessoais não garantem que declarações de princípios vençam o clamor da vida moderna ou sejam compreendidas ou lembradas. É por isso que More elabora, personaliza e dramatiza suas declarações de princípios, e presta muita atenção às nuances e sutilezas. Seu objetivo é ensinar aos que o cercam – intensa e pragmaticamente.

Talvez o mais brilhante comunicador numa sala de aula que eu já vi tinha a sua própria fórmula para fazer isso. O primeiro passo é reduzir uma situação ao que é fundamental – ou, como ele dizia, "à essência da essência". O passo seguinte era simplificar, explicar o elemento estratégico central, essencial, em poucas palavras e frases. O último passo, segundo ele, era "exagerar". Isso queria dizer descobrir um jeito de afiar e dramatizar a mensagem – de modo a ser ouvida apesar de todos os ruídos circundantes, considerada, e talvez até mobilizar as mentes e espíritos dos outros.

Posso pedir compreensão?

Porque associamos liderança com força e confiança, uma das táticas de More para comunicar as suas convicções nos surpreende muito: ele com freqüência pede compreensão, ou até implora por isso, em termos muito pessoais. Pode parecer fraqueza, e é natural que gerentes achem que é assim que parece aos outros e os debilita. Mas a história de More sugere outro modo de pensar sobre essa tática e de usá-la com eficiência.

Não muito depois de More se tornar lorde chanceler, o rei sobe o rio de barco e vai visitá-lo e a família na sua casa em Chelsea. A roupa de Henrique é tecida com fios de ouro, e assim ele verdadeiramente cintila ao sol. O barco em que está é um navio de guerra grande e recém-encomendado. Henrique salta da embarcação, enfia os pés pela lama na margem do rio e caminha a passos largos até More, Alice, Margaret, Norfolk e os criados de More, que vinham se preparando para essa visita "surpresa" há vários dias. Eles se ajoelham para saudar o seu soberano. Henrique então começa a falar com Margaret, conversando com ela em latim e em seguida vangloriando-se de brincadeira dos seus talentos musicais e de dançarino.

Depois ele puxa More de lado para uma conversa extraordinária. A chegada de Henrique já foi uma demonstração do seu poder e majestade, assim como do seu charme e prazer com a vida, e ele continua com More no mesmo teor. Mas, minutos depois, Henrique está berrando de raiva de Wolsey, acusando-o de orgulho, ambição e fracasso em lhe garantir o divórcio. Henrique diz: "Eu estava certo em domá-lo", e aí baixa a voz e gentilmente pergunta a More se ele pode apoiar o divórcio. More responde que não pode, e desnuda o braço dizendo para o rei: "Pegue a sua adaga e serre-o do meu ombro, e eu rirei e serei grato, se isso significar que posso aproximar-me de Vossa Excelência com a consciência limpa."[17]

More pleiteia com Henrique da forma mais clara, mais dramática, possível. Ao mesmo tempo, evita se demorar nos motivos das suas decisões, e não prega sermões sobre a sua consciência. Pelo contrário, coloca o seu pesar e a sua profunda devoção ao rei em primeiro lugar. Ele quer minimizar o risco de um ataque de Henrique – que acabou de exibir o seu forte e volátil temperamento. Em resumo, More quer se manter fiel às suas convicções sem esfregá-las na cara de Henrique. Ele coloca a sua confiança no rei e quase implora por compreensão.

A tática de More funciona. O rei dá um puxão na manga dele e diz que compreende. Em seguida, More aproveita a oportunidade para lembrar a Henrique o compromisso que assumiu, quando se tornou chanceler, de não insistir na questão do divórcio. Henrique reconhece isso, e os dois começam a conversar sobre uma música que o rei tinha composto. Tudo parece bem, até que Henrique se lembra que não conseguiu mudar a maneira de pensar de More, e berra com ele que não vai tolerar oposições. Em seguida, Henrique volta para o barco, dizendo que já está tarde para ficar para o jantar. Mas o apelo de More funciona – não porque faz Henrique mudar de idéia, o que é impossível, mas porque cria um breve interlúdio de compreensão e diálogo pessoal, e impede o rei de ver More como mais um homem orgulhoso que ele tem de amansar.

Um apelo por compreensão poderia ser descartado como uma tática com propósitos especiais, útil apenas para confrontações inevitáveis com adversários poderosos e perigosos, mas essa não é a visão de More. Até o fim, sua esposa, Alice, esforça-se para persuadi-lo a apoiar o rei. Ela é uma mulher não instruída, com os pés no chão, que fala com toda a força da honestidade e do bom senso. Quando More está para entregar o cargo de chanceler, porque não vai prestar juramento ao Ato de Sucessão reconhecendo Henrique como chefe da Igreja Anglicana, a frustração reprimida dela explode nas palavras: "Fogo do Inferno – Sangue e Corpo de Deus, *não*! Sol e lua, Master More, o senhor é considerado um homem sábio! Isto é sabedoria – trair sua habilidade, abandonar a prática, esquecer sua posição e seu dever para com a sua família e comportar-se como um livro ilustrado?"[18]

More tenta, seguidas vezes, ajudar Alice a compreendê-lo. Ele usa humor, teologia e bom senso, mas nada resolve. More acaba preso por se recusar a prestar juramento ao Ato de Sucessão. Quando Alice, Margaret e Roper o visitam na prisão, sabem que talvez nunca mais o vejam. Alice está zangada e diz com frieza: "Está satisfeito, então, de ficar trancado aqui com ratos e camundongos quando poderia estar em casa conosco?"[19] More tenta distraí-la dizendo o quanto gosta do pudim que ela levou, mas isso só a deixa mais zangada. A visita chega ao fim, e estas são as últimas palavras que More e Alice trocam:

MORE: Alice, precisa me dizer que compreende.

ALICE: Não compreendo! (*Ela joga isso direto na cabeça dele*) Não acredito que isto tivesse de acontecer.

MORE: (*Sua expressão está séria*): Se diz isso, Alice, não vejo como vou enfrentar essa situação.

ALICE: É a verdade.

MORE (*Ofegante*): Você é uma mulher honesta.

ALICE: Uma grande vantagem para mim! Eu lhe digo do que tenho medo: de odiá-lo quando o senhor não estiver mais aqui.

MORE (*Vira o rosto, a expressão mudando*): Bem, você não precisa, Alice, só isso. (*Rapidamente ela atravessa o palco na direção dele; ele se vira e os dois se abraçam com fúria*) Você não precisa, Alice, não precisa.

ALICE (*Cobre com a mão a boca do marido*): S-s-sh... Quanto a compreender, eu compreendo que o senhor é o melhor homem que já conheci ou provavelmente conhecerei; e se o senhor se for – bem, Deus sabe por que suponho –, embora Deus seja minha testemunha, Ele guardou silêncio a respeito disso![20]

    Alice jamais compreendeu realmente a escolha do marido. Ela só conhece as devastadoras conseqüências para a sua família. Mas o apelo de More parece ajudar Alice a aceitar sua decisão, o que é um avanço significativo, tendo em vista a sua implacável hostilidade anterior com relação às escolhas dele. O apelo franco, honesto, de More drena a amargura dos seus últimos momentos juntos, e eles se despedem para sempre com amor e não com inimizade.

    Para More, e para outros líderes, o apelo por compreensão não é a primeira escolha para transmitir princípios básicos. É preferível para os líderes que se comuniquem com clareza, de forma convincente e memorável, como More faz de vez em quando. Mas ele entende que há muitas outras ocasiões em que um pedido direto e modesto de compreensão é o meio mais eficaz de comunicar uma profunda convicção. Essa abordagem funciona de modos paradoxais. Quando líderes pedem compreensão, cedem poder aos outros, em vez de afirmar sua própria autoridade, encorajam os outros a confiarem neles primeiro antes de confiar nos outros, e indicam a sua força e confiança agindo com modéstia e humildade.

Posso fazer os outros lutarem?

Apelos por compreensão podem ter outra vantagem: são um modo de incentivar os outros a lutar – para compreender o que um líder está fazendo e pensando. More fez isso com muita gente ao seu redor, e até agora, séculos depois, a sua história tira o sossego de homens e mulheres, e os força a reexaminarem suas vidas e valores. O valor desse esforço está expresso no provérbio africano que diz: "Quando rezo por pão e o consigo, penso no pão e esqueço de Deus. Quando rezo por pão e não o consigo, penso em Deus."[21] More prefere meios de comunicação desafiantes e provocadores a frases simples e diretas – para aumentar as chances de que os outros parem e realmente reflitam sobre o que ele disse.

A abordagem de More reflete sua noção de como o mundo funciona, que ele aprimorou como advogado e oficial do alto escalão do governo, e sua compreensão moral e espiritual de como Deus quer que ele viva. Quando More desiste do cargo de lorde chanceler e arranca a pesada corrente que simboliza o cargo, Will Roper o felicita pelo seu nobre gesto. More responde fazendo fiau com o polegar encostado na ponta do nariz e dizendo: "*Isto* é um gesto... Não sou acrobata de rua para fazer gestos." Quando Roper persiste e diz que o que More fez foi verdadeiramente moral, More responde com sarcasmo: "Ah, agora compreendo você, Will. Moralidade *não* é prática. Moralidade é um gesto. Um complicado gesto aprendido nos livros."[22] More mais tarde diz a Will: "Deus fez os *anjos* para lhe mostrarem o esplendor – como fez os animais pela inocência e as plantas por sua simplicidade. Mas o Homem, Ele fez para servi-lo engenhosamente, nos emaranhados da sua mente!"[23]

Os princípios de More são claros e ele os sustenta com firmeza, mas não acha que outras pessoas possam ser convencidas a compartilhá-los por meio de declarações diretas, sinceras, do que ele realmente acredita – ou por instruções dadas por uma autoridade. Essas abordagens tratam as pessoas como simples criaturas inocentes. No caso de seres complicados, More acredita, é melhor dirigir-se a eles reconhecendo "o emaranhado" da mente humana.

A maneira típica de More para fazer isso é começar com uma gentil cutucada, depois aos poucos ir aumentando de intensidade, e, se necessário, empregar afirmações mais penetrantes e mais vigorosas – todas com o objetivo de irritar as pessoas e incentivá-las a pensar e refletir, e em seguida agir de forma diferente.

Por exemplo, More tem sérias dúvidas quanto ao caráter de Richard Rich, um jovem estudante ambicioso. Rich é um ávido perito em fazer redes de relacionamentos, e espera ardentemente que More lhe consiga um cargo junto a um oficial poderoso. Num determinado ponto, More fala com Rich a respeito de um posto de professor, com um bom salário, uma casa e um criado, mas Rich recusa sumariamente. Então More lhe diz: "Um homem deve ir aonde ele não será tentado."[24] Não fala mais do que isso, e deixa Rich descobrir o que ele quer dizer. More, sempre o professor, não quer afastar Rich insultando-o, mas quer que o outro pense no perigo das suas ambições mundanas, exaustivas.

Mais tarde, quando as preocupações de More com Rich crescem, ele o cutuca mais forte, ainda indiretamente. Rich vai a casa de More certa noite para alertá-lo de que um dos seus criados é espião de Cromwell. More já sabe disso e não lhe dá muita atenção. Mas nota que Rich está muito constrangido e olha para ele com ar sério. Rich fica aborrecido e diz, em tom de piada: "O senhor olha para mim como se eu fosse um inimigo." Rich mais uma vez pede um emprego, e More mais uma vez recusa. Rich diz que ele seria leal, e More retruca: "Você não poderia responder por si próprio, nem mesmo até esta noite."[25] More não diz a Rich o que fazer, não afirma nenhum princípio e não faz nenhuma avaliação direta do caráter ou das intenções de Rich – mas, de forma sucinta e enérgica, desafia Rich a pensar no seu próprio comportamento. Pelo que se revela, Rich tem muito o que pensar porque já está espionando More para Cromwell.

No fim, Cromwell compra por atacado a lealdade de Rich ao lhe dar vários importantes e lucrativos cargos públicos. Mas estes têm um preço: Cromwell quer que Rich cometa perjúrio para condenar More por traição. Rich logo testemunha no tribunal que More disse numa conversa íntima que o Parlamento não tinha direito de fazer de Henrique o chefe da Igreja Anglicana. Ao ouvir esse testemunho, More sabe que será executado.

Minutos depois, More sobe à tribuna. Enquanto se defende, nota que Rich está usando a corrente do procurador geral por Gales. More olha bem no rosto de Rich, com pena e achando interessante, e diz: "Por Gales? Ora essa, Richard, um homem não ganha nada dando a sua alma para o mundo inteiro... Mas por Gales!"[26] Mesmo agora, apesar do deplorável comportamento de Rich, More está tentado incentivá-lo a parar e refletir no que está fazendo, não com More, mas consigo mesmo.

Até More abrir a boca no seu julgamento, ele vinha fazendo a mesma coisa – fazendo as outras pessoas lutarem com os princípios dele, e com os delas –, mas numa escala bem maior. More faz isso recusando-se a tomar uma posição diante do desejo do rei de se divorciar. Ele não dirá se apóia ou se opõe. Esse longo e conspícuo silêncio foi uma tática fortemente baseada em princípios e de um brilhante pragmatismo.

More, excelente advogado, acredita que o silêncio o protegerá e a sua família, sob a lei inglesa, de punição. Isso lhe permitiria ser bem-sucedido em todos os seus deveres, princípios e compromissos. More quer viver segundo a sua fé e consciência. Como um inglês patriota, não quer encorajar agitações civis opondo-se declaradamente a Henrique. Como pai e marido, não quer que sua família se torne vítima de retaliações. Como ser humano, quer simplesmente viver a sua vida. More também sabe que a sua morte ou prisão encerrará o seu papel como conselheiro de confiança de Henrique. Por todas essas razões, More escolhe o silêncio. Ele não vê muito valor em subir numa plataforma, proclamar suas opiniões e garantir sua morte.

Mas o brilhante pragmatismo do silêncio de More é que ele fala com clareza e eloqüência. Virtualmente, todos os ingleses proeminentes tinham concordado com o plano de Henrique – a exceção mais conspícua era um homem conhecido por sua incorruptibilidade, grandes ideais políticos e devoção à sua fé. Conforme Cromwell expressa no julgamento, o silêncio de More "ribombeia por toda a Europa".[27] O seu silêncio é um estratagema que chama atenção para ele mesmo, acentua tensões políticas ao mesmo tempo que evita um calamitoso confronto, e encoraja inúmeros outros a refletirem bem numa profunda questão relacionada com Igreja e Estado.

Fazer os outros se esforçarem é uma tática eficiente, mas arriscada para os líderes. No caso de More, funcionou tão bem que Cromwell, com o consentimento de Henrique, planeja a morte de More. Mas a estratégia poderia ter falhado totalmente. Sociedade e organizações com freqüência precisam passar por períodos de tensão nos quais líderes e outras pessoas lutam com questões básicas, mas os líderes que atuam como catalisadores para as lutas podem pagar um preço, como no caso de More.

John H Johnson, fundador da *Ebony* e um dos mais ricos e vitoriosos homens de negócios afro-americanos dos Estados Unidos, certa vez contou a jovens afro-americanos que eles não deveriam ingressar em empresas dirigidas por brancos a não ser que quisessem ser apenas vice-presidentes.[28] Tendo em vista a estatura de Johnson, seu comentário chamou atenção. Com toda a probabilidade, ele fez alguns jovens afro-americanos pensarem em seus futuros e alguns executivos brancos olharem duas vezes para suas organizações. Mas outros puderam desprezar o comentário como racista ou ver Johnson como um sujeito que queria chamar atenção. Similarmente, quem critica More pode argumentar que ele não tomou uma posição e que o seu silêncio deixou muitas incertezas sobre as suas crenças.

O objetivo não é fazer os outros lutarem, mas fazer com que eles lutem e aí aprendam e compreendam. Por conseguinte, a tática funciona melhor nas mãos de líderes que de fato compreendem os indivíduos e grupos que buscam influenciar. É bem provável que esse tenha sido o caso de Johnson, pela sua carreira e longas lutas para construir o seu negócio. Foi também o caso de Thomas More com Richard Rich, o patético suplicante; com o seu bom amigo, o duque de Norfolk; e em última instância, com seus concidadãos, por isso, More escolheu o silêncio.

Estivesse vivo hoje, More poderia nos pedir para pensar duas vezes sobre alinhamento como uma meta para gerentes – porque o seu esforço para fazer os outros reconsiderarem e se reengajarem muitas vezes dependia de pequenas doses de desalinhamento com um alvo cuidadosamente escolhido. Como More, bons líderes às vezes descobrem que tensão, desconforto e constrangimento podem ser ferramentas valiosas de administração.

É claro, More talvez pareça um caso especial; quem sabe ele teve de usar essas abordagens oblíquas porque era vulnerável demais para tomar posições mais firmes. Mas bons líderes em posições muito fortes também dependem das mesmas táticas. Por exemplo, durante a década de 1970 e início dos anos 80, Schlumberger era a principal companhia de serviços de campos petrolíferos no mundo e uma das empresas mais lucrativas da história. Dois sobressaltos do petróleo elevaram os preços dez vezes ou mais e grandes companhias de petróleo precisaram com urgência das habilidades e tecnologia de Schlumberger para encontrar novas reservas. Seu CEO, um francês chamado Jean Riboud, acreditava que complacência era o maior desafio para a sua empresa, e usou um notável conjunto de táticas para combatê-la.[29]

Às vezes, Riboud fazia o rodízio de executivos seniores para postos para os quais eles tinham poucas qualificações evidentes. De vez em quando, contratava gente de fora sem antecedentes em serviços para campos de petróleo. Ele dizia que a sua meta para Schlumberger era "perfeição", um objetivo um tanto exigente e sem dúvida impalpável. Ele abruptamente rebaixava executivos que pareciam ter perdido o seu espírito de combate, e promovia outros, com base nos seus "entusiasmos por mudanças". Aprimorou suas habilidades em fazer perguntas penetrantes, e permaneceu um tanto enigmático e imprevisível, até para seus colegas antigos.

As táticas de Riboud eram ferramentas específicas destinadas a impedir uma organização saudável e poderosa de se tornar complacente. Mas Riboud, como John H. Johnson e Thomas More, era especialista em desconforto estratégico. Em momentos cruciais, todos eles preferiram liderar irritando as outras pessoas, despertando-as e incentivando-as a se atracarem com assuntos difíceis e desconfortáveis.

EQUILÍBRIO ENGENHOSO

More compreendia que não havia atalhos para mudar o mundo ou mudar os outros. Em *O homem que não vendeu sua alma*, vemos um líder que usa uma extraordinária variedade de táticas – humor gentil, dramatização, apelar por compreensão, e fazer os outros lutarem. Para More, esses foram meios, não fins. O seu objetivo é muito ambicioso. Como líder, não se contenta em mudar o comportamento dos outros; quer mudar o modo de pensar e os valores deles. E não quer lhe impor a mudança: quer que aceitem a mudança sozinhos, depois de sérias reflexões. More busca comprometimento, não aquiescência.

Como Robert Bolt apresenta, o engenhoso equilíbrio de princípios e pragmatismo de More o distingue de todos que o cercam. A maioria é de pragmatistas completos: o cardeal Wolsey é um brilhante exemplo da espécie; Richard Rich é um rude e patético alpinista social; e Cromwell é, na expressão de More, um "mero encanador".[30] Na outra extremidade do espectro, encontramos Will Roper – um homem bom, mas alguém que pensa a respeito de quase tudo em termos morais e não resiste a ardentes proclamações sobre o que é certo e o que é errado. Num determinado momento, More diz à filha: "Bom rapaz... princípios terrivelmente fortes porém."[31]

More é um realista com relação a como as pessoas aprendem e como elas mudam quando estão em jogo valores básicos. Ele entende isso porque refletiu muito sobre os seus próprios valores. Percebe, por exemplo, que existem limites para a sua boa compreensão e capacidade para expressar algumas das suas mais profundas convicções. Num determinado ponto, ele diz, com amargura, que acha Deus "sutil demais" para ele; em outro, depois de tentar se explicar para Norfolk, diz: "Creio que me faço obscuro."[32]

More também sabe que valores mudam lentamente – porque estão entrelaçados com nossas vidas, nossos passados e sonhos –, ele compreende isso porque se conhece muito bem. Na última conversa dos dois, quando Norfolk implora para que More mude de idéia por causa da amizade deles, More lhe diz: "O afeto é tão profundo em mim como você imagina, mas só Deus é amor total, Howard; e *isso* sou *eu* mesmo."[33] Uma verdadeira mudança de valores em geral é impossível sem um esforço grande, e assim a abordagem básica de More é cutucar os outros para começarem essa luta e guiar seus esforços iniciais.

More vive segundo os seus princípios, mas mantém de reserva declarações óbvias a respeito deles para momentos estratégicos. Ele os usa como um florete, não como uma clava. Faz isso para maximizar o impacto deles, por respeito aos outros e às suas convicções, e porque entende os riscos de assumir posições baseadas em princípios, que podem facilmente se tornar palavras de combate, inflamar uma situação e bloquear o progresso.

More reconhece, como qualquer líder, que muitas ocasiões exigem a invocação ritual de frases acacianas, enquanto outras requerem palavras rudes. Por exemplo, quando Anne Mulcahy se tornou CEO da Xerox em 2000, sabia que alguns executivos talvez não a apoiassem totalmente porque queriam o cargo. Ela também sabia que a empresa estava em crise, e então adotou esta abordagem:

> Fui falar com alguns deles e disse: Ei, nada de brincadeiras. Vamos só conversar. Vocês não podem estar entusiasmados. Se escolherem ficar, ou ficamos em total sincronia ou quando se forem não será agradável, porque não tenho nenhum apetite para controlar no momento.[34]

Dois executivos saíram logo; os outros que ficaram ajudaram Mulcahy a virar a Xerox pelo avesso. Mas líderes não devem confundir situações dramáticas como essa com muitas outras em que princípios precisam ser invocados com sutileza e cuidado. Os princípios de More lhe dão coragem e direção, e o mantiveram na longa e dura caminhada, mas pragmatismo e sutileza o fazem extraordinariamente eficaz.

A excelente peça de Robert Bolt não pode nos mostrar todas as facetas da vida de More, e só podemos especular a respeito de como More passava as suas muitas horas de solidão na Torre de Londres ou os seus longos períodos de orações diárias. Isso seria fascinante de se ver e compreender porque nos daria um vislumbre do que seja uma boa imagem para alguém que é um líder atarefado e ativo. More ocupou cargos de responsabilidade nacional, viveu segundo os seus princípios e foi um forte exemplo pessoal para outras pessoas, e continua a influenciar homens e mulheres cinco séculos depois da sua morte. Mas, para compreender o que é uma boa imagem, particularmente para homens e mulheres imersos em assuntos práticos, devemos procurar em outro lugar.

CAPÍTULO 8

O que é uma boa reflexão?

O MUNDO ATUAL PARECE CONCEBIDO para impedir sérias reflexões sobre trabalho e vida. No emprego, líderes enfrentam implacáveis pressões para trabalhar mais tempo, produzir mais e tomar decisões mais rápidas. Ao mesmo tempo, seus empregos tornam-se cada vez mais complexos, conforme leis e regulamentações proliferam, tecnologias avançam, organizações ficam mais complicadas e acionistas exigem crescimento progressivo. Bons líderes inevitavelmente desenvolvem táticas para lidar com o assalto à deliberação, pelo menos no trabalho. Por exemplo, quando o secretário do Tesouro, Robert Rubin, ouvia alguém recomendar um procedimento, costumava perguntar qual era a melhor alternativa e quais as razões mais fortes para se escolher essa alternativa. Rubin conhecia o risco de julgamentos apressados em questões complexas, e queria ver com que cuidado as recomendações tinham sido analisadas.

Mas e os temas complexos sobre vida e trabalho levantados neste livro? Como gerentes podem parar e refletir a respeito, quando sempre têm quarenta novos e-mails precisando de respostas? O que acontece com a nossa capacidade de reflexão à medida que nos tornamos nodos em redes constantemente ligadas de relacionamentos e informações? E como saber se estamos mesmo lutando para resolver questões sérias e não remoendo, nos desviando do problema real, ou mentalmente correndo atrás do próprio rabo? Afinal de contas, Willy Loman passa um bocado de tempo pensando na sua vida e nos seus sonhos, mas não chega a lugar nenhum.

Antígona, a peça que examinamos neste capítulo, dá uma resposta surpreendentemente útil para essas questões críticas. É um drama clássico da literatura ocidental. Seu autor, o dramaturgo grego Sófocles, viveu cerca de quinhentos anos antes do nascimento de Cristo. Mas ainda que seja a obra mais antiga que discutimos, talvez seja a mais oportuna. *Antígona* mostra, com notável clareza, como líderes podem encontrar meios para refletir, em meio a enormes pressões e intermináveis distrações. Mostra também, vívida e dolorosamente, as terríveis conseqüências de não fazer isso.

A poderosa idéia de Sófocles sobre reflexão é que ela não é – para os líderes, pelo menos – uma fuga do trabalho. Alguns líderes encontram mesmo um jeito de se afastarem temporariamente: Franco Bernabè, o CEO da ENI, acreditava que períodos de isolamento eram cruciais para líderes, e um ou outro executivo encontra tempo para meditar regularmente. Mas esses líderes também reconheceriam que questões de caráter não são uma diversão para noites, finais de semana ou caminhadas no bosque. São perguntas que devem ser feitas e respondidas no emprego, enquanto se está trabalhando com outras pessoas e tomando decisões, grandes e pequenas.

Para líderes, reflexão sólida não é uma questão de ausência do trabalho; na verdade envolve a qualidade da sua "presença". E Sófocles parece compartilhar essa opinião. Ele sugere que reflexão saudável é na verdade uma forma distinta de trabalhar. Os melhores líderes não vêem o seu trabalho como unidades de tomadas de decisão racionais, cuja característica humana é uma fonte de tendências, fraquezas e distrações. Pelo contrário, trabalham como seres humanos completos, cujos sentimentos, instintos e muitas vezes avaliações confusas de problemas são fontes genuínas de sabedoria e força.

VIOLÊNCIA, DRAMA E REFLEXÃO

Mesmo que *Antígona* se passe numa era mais simples, a peça fala diretamente para líderes no mundo atual de alta pressão. Em parte porque Sófocles assume uma visão muito ampla do que é liderança. Um dos seus personagens principais, Creonte, é o novo governante de Tebas, e encaixa-se na clássica definição de líder por causa do seu papel oficial e da sua autoridade. A outra figura central é Antígona. Ela não tem uma posição formal, mas representa os líderes sociais e religiosos históricos que mobilizaram outras pessoas com o seu profundo comprometimento pessoal com valores morais básicos.

A outra razão da importância da peça é surpreendente e sinistra: o clima de violência que a impregna. Este, veremos, é um obstáculo muito maior à reflexão e à deliberação do que o excesso de e-mails, uma agenda lotada ou dias úteis de doze horas em escritórios com ambiente climatizado. *Antígona* é a peça final de uma sangrenta trilogia sobre Édipo e sua família. Antígona, filha de Édipo, volta para casa na cidade de Tebas depois da morte do pai. Seus dois irmãos, Polinice e Etéocles, acabaram de se matar um ao outo. Mas apenas Etéocles terá um enterro religioso porque Polinice, depois de roubar o trono do irmão, foi para outro reino, retornou com um exército e iniciou uma guerra civil. A guerra acabou, e Creonte é o novo governante de Tebas. Ele declarou Polinice traidor e ordenou que seu corpo fosse "deixado insepulto, para ser comido pelos cães e abutres, um horror para todos verem".[1] O castigo de Creonte para quem desobedecesse à sua ordem era a morte por apedrejamento.

Antígona desobedece e tenta enterrar o irmão. Esse, ela acredita, é o seu dever para com os deuses e a sua família. Creonte então a condena à morte, e ela é emparedada numa câmara mortuária de pedra para morrer, mas em vez disso ela se mata. Quando a notícia chega a Haemon – filho de Creonte que estava noivo de Antígona –, ele vai até a câmara e se mata.

Essa história, com toda a sua paixão e violência, parece um veículo improvável para se compreender o que é reflexão, mas Sófocles a escreveu exatamente com esse propósito. Para entender por quê, é importante se imaginar indo assistir a uma peça como *Antígona*, na antiga Atenas. Quando vamos ao teatro, queremos entretenimento para uma noite. Compramos as entradas, sentamos ao lado de estranhos e assistimos a um espetáculo no palco de um teatro às escuras. Com exceção de clássicos como Shakespeare ou *Morte de um caixeiro-viajante*, em geral estamos vendo a peça pela primeira vez. Para os atenienses antigos, um drama trágico era um ritual cívico e religioso, e a maioria dos cidadãos assistia ao espetáculo junto com seus líderes políticos. Dramaturgos se misturavam com os filósofos e professores de ética da cidade. Suas obras eram representadas à luz do dia num anfiteatro, portanto era fácil para os cidadãos verem as reações uns dos outros ao drama.

Todos que iam ver *Antígona* já conheciam o enredo, como as pessoas que costumam ir à igreja já conhecem muitas das passagens bíblicas que vão ouvir nos cultos. O que queriam ouvir era a interpretação poética do dramaturgo para histórias clássicas. Esperava-se que as interpretações levantassem profundas questões sobre moralidade individual, vida em comunidade e religião. Uma peça nova era um exercício de reflexão individual e comunal. Uma grande peça, como *Antígona*, que recebia as maiores homenagens que Atenas podia oferecer, era uma intensa experiência emocional e intelectual, e um importante acontecimento político e religioso. Ela podia mudar o modo como cidadãos e líderes compreendiam e viviam suas vidas.[2]

Valores como uma foice

Superficialmente, *Antígona* é um trágico confronto entre dois fortes líderes com duas filosofias de liderança diferentes. O princípio fundamental de Antígona é a família; o de Creonte é o país. Ambos estão fortemente comprometidos com suas opiniões. Mas, num nível mais profundo, os dois líderes são semelhantes de um modo infeliz: cada um é apaixonadamente devotado a um único valor moral, e isso leva à tragédia.

Antígona é a figura mais solidária: seus irmãos estão mortos, sua família foi amaldiçoada, e ela é profundamente dedicada a um princípio religioso e está disposta a morrer por ele. Logo no início da peça, Antígona se zanga com a irmã, Ismene, que teme desobedecer à ordem de Creonte, e lhe diz:

Faça como quiser; eu vou enterrar meu irmão;
E se eu morrer por isso, que felicidade!
Condenada por reverência – ficarei contente
De deitar ao lado do irmão a quem amo.
Temos apenas um tempo curto para agradar aos vivos,
Mas toda a eternidade para amar os mortos.
Ali eu ficarei para sempre. Viva, se quiser;
Viva, e desafie as leis celestiais mais sagradas.[3]

Logo depois, Antígona é apanhada espalhando terra sobre o corpo do irmão, que é o seu jeito simples de observar os rituais fúnebres da sua fé e deixar que o espírito do irmão encontre a paz. Sentinelas levam Antígona até Creonte. Ele lhe pergunta se ela sabia da sua ordem e ela responde que sim, acrescentando: "Não achei os seus editais fortes o suficiente para invalidar a lei tradicional inalterável de Deus e dos céus, sendo você apenas um homem."[4]

Depois que Creonte a condena à morte, Antígona compreende toda a realidade do seu destino. Ela lamenta: "Jamais uma noiva, jamais uma mãe, sem amigos, condenada viva à morte solitária."[5] Mas apesar da sua tristeza, Antígona não cede na sua convicção de que está certa em seguir sua consciência, seu dever religioso e sua lealdade para com o irmão.

Creonte é um indivíduo menos atraente – ele é zangado, imperioso e rígido –, mas, ao ouvirmos o que ele diz, percebemos que talvez esteja certo. Creonte tornou-se rei de Tebas como conseqüência imediata de uma violenta guerra civil. Quando um país é atacado de fora, sua população se organiza e se unifica, mas uma guerra civil divide vizinhos e famílias. As batalhas talvez terminem, mas o ódio e a sede de vingança muitas vezes permanecem como uma infecção, e a paz se torna frágil. A guerra civil em Tebas foi horrenda. No início da peça, o coro – um grupo de atores que no teatro grego representa quem comenta a ação – descreve Polinice e seu exército como uma ave de rapina voraz, dizendo: "No limiar de sete portais, num círculo de sangue, suas espadas nos cercaram, suas mandíbulas abriram-se contra nós."[6]

Como um líder, a responsabilidade primordial de Creonte era restaurar a ordem. Primeiro, nós o vemos dirigindo-se aos cidadãos de Tebas. Ele agradece aos deuses por trazerem a tranqüilidade, elogia a lealdade da população aos governantes do passado e condena quem quer que coloque amigos acima do país. Em seguida, declara seus princípios orientadores:

Como Deus é minha testemunha, que vê tudo,
Quando vejo qualquer perigo ameaçando o meu povo,
Seja qual for, eu o declararei.
Nenhum homem que seja inimigo do seu país
Chamará a si mesmo de meu amigo. Disso eu tenho certeza...
Nosso país é nossa vida...[7]

Creonte é um patriota. Acredita, muito naturalmente, que o seu país possa ainda estar em perigo – pela ameaça de insurgentes que perderam a guerra civil, seus aliados fora de Tebas ou outros que possam explorar sua vulnerabilidade. Por conseguinte, ele faz um juramento solene de colocar a segurança do seu país acima de tudo e pede aos seus companheiros cidadãos que façam o mesmo.

Creonte é um patriota e pragmático. Seu edital contra o enterro de Polinice tem a intenção de mandar duas mensagens bem claras. Uma é que Creonte está agora firme no comando de Tebas e vai revidar diante de qualquer rebeldia. A outra é que ele tem bases firmes morais e religiosas. Polinice, ele diz, "voltou do exílio para queimar e destruir sua terra natal, e os deuses da sua terra natal, para beber o sangue dos seus parentes, para escravizá-los".[8] Antígona e Creonte não poderiam, pelo visto, ser mais diferentes um do outro, e no entanto têm a mesma forma perigosa de liderança. Ambos pegam um único valor humano importante — religião para Antígona e dever cívico para Creonte — e o pervertem. Os dois fazem isso da mesma maneira: pegando um único valor e usando-o como uma foice para ceifar todas as outras considerações. E ambos deixam que o seu único valor domine não apenas o seu pensamento, mas a sua personalidade.

Antígona mal consegue controlar suas emoções, vê o edital de Creonte como uma afronta pessoal e o irrita na sua desavença. Antígona também parece ansiosa por um confronto. Quando Ismene diz que não vai deixar escapar uma palavra sobre os planos de Antígona para enterrar Polinice, Antígona replica: "Que o mundo inteiro fique sabendo."[9] O comportamento de Creonte espelha o de Antígona. A retórica dele é inflamada — diz que Polinice queria beber o sangue dos seus parentes —, e ele continua movido pelas fúrias da guerra. Às vezes, Creonte fala de Deus, e da nobre vocação de liderança e patriotismo; em outras ocasiões, ele soa como um guerreiro irado e um vencedor arrogante. Além do mais, seu severo edital pode muito bem ter violentado os deveres religiosos para com os mortos, e isso poderia alimentar a ira dos defensores de Polinice e provocar uma nova guerra.

Tanto Antígona como Creonte são versões extremadas de um fenômeno muito comum: líderes que se transformam em máquinas de decisão que maximizam um único objetivo, como vencer uma eleição, elevar o preço das ações ou proteger a reputação de uma Igreja. Essa é uma estratégia muito arriscada. Pode fazer com que os líderes se esqueçam de um variado leque de fatores que deveriam influenciá-los e poderiam protegê-los de erros graves. Antígona e Creonte precisam ambos de acontecimentos terríveis para tirá-los à força da sua inflexibilidade mental e despertar sua humanidade profundamente sufocada: Antígona precisa chegar à beira da sua própria morte, e Creonte, saber do suicídio do seu filho.

O risco do comprometimento

É natural criticar Creonte e Antígona por suas maneiras de pensar unidimensionais, mas são raros os indivíduos discutidos nos capítulos anteriores que acham fácil ir e vir em meio a várias perspectivas. Apesar dos gentis esforços de Linda e das insistências de Biff Loman, Willy agarra-se a uma única e distorcida compreensão de si mesmo. Okonkwo está sempre seguro de que sabe distinguir o certo do errado. E Tony Lowder, depois do seu crime, presta pouca atenção aos argumentos da sua família e dos amigos, e vai em frente com o seu plano para purgar a sua alma e combater a máfia.

Líderes em geral sabem que não devem continuar se arriscando sem considerar a total complexidade de uma situação, mas Sófocles nos mostra que isso é muito fácil de acontecer. Creonte diz aos seus concidadãos: "Eu sempre achei, e continuo achando, que um rei cujos lábios estão selados pelo medo, que não está disposto a buscar conselhos, está condenado."[10] Creonte não poderia ser mais claro sobre esse princípio, e no entanto ele o trai quase imediatamente. E suas vulnerabilidades são também as nossas. Conforme escutamos Creonte denunciar os perversos rebeldes e se comprometer a servir o povo de Tebas, compartilhamos sua indignação e seus ideais. Similarmente, quando Antígona invoca o amor da família e a reverência aos deuses, tem toda a nossa simpatia. Criticar esses indivíduos é razoável, mas dispensá-los não é. Por que eles, como tantos líderes à nossa volta, continuam insistindo sem entender plenamente a sua situação?

A resposta é que impulsos e instintos que são essenciais para a liderança trazem embutidos riscos significativos. Porque a liderança é com freqüência uma longa e dura luta contra forças contrárias, requer determinação, comprometimento, energia e simples vontade. As realizações de Monroe Stahr – construir e liderar um grande e complexo estúdio cinematográfico com centenas de personalidades criativas e conflitantes – requerem uma intensidade de foco e esforço quase sobre-humana. Parar e examinar complexidades pode dissipar o impulso e o comprometimento que são em geral vitais para o sucesso.

Podemos ver também a dificuldade de diminuir o ritmo das grandes máquinas dentro dos líderes examinando o que finalmente os força a agir assim. Dois dos indivíduos que discutimos, Jerry e o capitão do mar anônimo, são jovens aspirantes a líderes. Ambos vêem suas responsabilidades em termos muito pessoais: Jerry é dedicado a Vesta Lotte Battle e o capitão, a Leggatt. E ambos empenham-se nesses compromissos a ponto de uma séria perturbação mental e esgotamento físico. Só à beira de um colapso eles puxam os freios e por pouco evitam um desastre.

O confronto entre Antígona e Creonte nos deixa com várias questões desafiantes, e a carnificina que ele causa nos mostra como elas são urgentes. Quem estava certo, Antígona ou Creonte? Quem deveria ter recuado? Por que não podiam ver a tragédia que estavam causando? Essas são todas perguntas importantes e poderiam ter servido para uma peça muito boa. Mas *Antígona* é um grande drama. Tem recompensado platéias há milênios porque Sófocles fez mais do que apresentar questões fundamentais sobre conflitos entre líderes e seus comprometimentos. Ele também nos mostra várias outras vozes e perspectivas, e elas oferecem meios valiosos para líderes comprometidos refletirem antes de agir e evitar o destino de Creonte e Antígona.

QUESTÕES DE CARÁTER

As pessoas na peça que nos mostram essas alternativas *não* estão em posições de liderança, o que pode ser o jeito de Sófocles destacar os riscos que ela acarreta. A forma como elas abordam a reflexão requer que os líderes se empenhem numa tarefa muito dura: examinar e até resistir a alguns dos seus instintos mais fortes e comprometimentos vitais. Em outras palavras, o maior desafio para Creonte não é Antígona ou os rebeldes escondidos em Tebas, mas o seu próprio caráter. E o maior desafio para Antígona está dentro dela mesma, não no edital de Creonte. Mesmo que os próprios instintos deles lhes digam que estão certos e devem agir, na verdade ambos estão errados e precisam compreender isso.

Posso trocar perspectivas?

O primeiro exemplo de boa reflexão vem de uma fonte improvável, um sentinela humilde que diz a Creonte que alguém realizou rituais fúnebres para Polinice. À primeira vista, o sentinela parece acovardado, dizendo:

> *Meu senhor: se estou sem fôlego, não é pela pressa.*
> *Parei para pensar e me demorei pelo caminho,*
> *Dizendo para mim mesmo: "Para que correr para sua condenação,*
> *Pobre tolo?" E aí eu disse: "Corra, seu tolo,*
> *Se Creonte sabe disso por outro homem,*
> *Sua cabeça já está cortada."*
> *... E o que eu tiver de sofrer, não pode ser mais*
> *Do que a vontade de Deus, assim eu me apego a isso para meu consolo.*[11]

A hesitação do sentinela irrita Creonte, e ele exige um relatório. O que ele ouve o enfurece – seu edital foi desobedecido imediatamente –, e ele pergunta ao sentinela quem fez isso. Quando o sentinela diz que não sabe, Creonte o acusa de mentir.

Nesse ponto, o coro se mete na discussão, dizendo: "Meu senhor, temo – eu temia desde o início – que isso demonstre ser um ato divino."[12] Creonte entende como mais dissidências e chama o coro de velhos idiotas; em seguida, ameaça torturar e executar o sentinela, se ele não encontrar quem cometeu a desobediência. O sentinela então sai, dizendo a si mesmo que teve sorte por ser portador de más notícias e sobreviver.

Essa breve cena é de uma simplicidade ilusória. Ela parece continuar a campanha em prol da segurança e da ordem de Creonte. Mas o sentinela, nas suas poucas palavras, nos dá o primeiro indício do que Sófocles considera uma boa reflexão. Olhe com atenção para o que o sentinela diz. Ele sabe que é perigoso levar más notícias para Creonte, mas o seu medo não o paralisa. Ele pára, pensa e faz algo que nem Antígona nem Creonte fazem: considera alternativas, hesita entre duas opções, correr para falar com Creonte ou se demorar pelo caminho. Creonte e Antígona falam com força e convicção, mas nenhum dos dois demonstra qualquer dúvida ou considera outras perspectivas. Quando Ismene suplica a Antígona que pare e pense, Antígona a ataca cruelmente. Quando o coro sugere, numa única e breve sentença, que os deuses poderiam ter espalhado a terra sobre Polinice, Creonte ignora a mensagem deles e os xinga.

O sentinela também mostra modéstia, enquanto Antígona e Creonte exibem a arrogância que acabará destruindo-os. O sentinela sabe que é vulnerável – a Creonte, a acontecimentos casuais como os misteriosos rituais fúnebres realizados para Polinice e ao que for da vontade dos deuses. Em contraste, Antígona acredita que sabe exatamente o que os deuses exigem, mesmo que a irmã e Creonte, que compartilham a sua fé, interpretem os seus deveres religiosos de um modo bem diferente. Suas convicções consistem em uma única verdade dominante, como as de Creonte.

Os cidadãos de Tebas, falando pela voz do coro, também vêem o mundo diferente de Antígona e Creonte. Logo depois que o sentinela vai embora, o coro fala extensamente. Como o sentinela, ele também está pensado de um lado para o outro, mas de um modo muito mais profundo e intenso, ao buscar a perspectiva correta para compreender o conflito entre Creonte e Antígona.

Suas palavras são chamadas de "Ode ao Homem". O coro começa proclamando tudo que a humanidade já realizou, dizendo: "Maravilhas existem muitas sobre a Terra, e a maior delas é o homem... Ele é o senhor da Terra eterna... Ele é o senhor de todos os seres vivos... Não há nada acima do seu poder."[13] Aqui o coro está descrevendo o atos tanto de Creonte como de Antígona. Eles são orgulhosos, confiantes e fortes. Cada um deles afirma importantes valores humanos e tenta instigar o ânimo dos outros. Este louvor à vontade e à ousadia humanas cessa abruptamente na passagem seguinte, quando o coro diz: "A sutileza de Creonte enfrentou todos os acasos, todos os perigos conquistou. Para cada mal, ele encontrou remédio, exceto para a morte."[14]

Estas últimas quatro palavras deveriam ter chocado Creonte. São um grosseiro lembrete de que a morte encerrou recentemente as vidas de muitos homens bravos, confiantes e orgulhosos – homens como ele. O coro está pedindo a Creonte que dê um passo atrás, pare, pense no destino de seus predecessores, e veja se ele está reencenando o seu sinistro ciclo de orgulho e destruição. O coro em seguida se refere a um indivíduo sem nome que, "com demasiada ousadia, caminha em pecado em solitário orgulho para o fim da sua vida. Na minha porta jamais entrará para me chamar de amigo".[15] O coro está pedindo a Creonte que examine seus próprios motivos e veja se é o patriotismo ou o orgulho que o está impelindo. O coro também quer que ele olhe para seus concidadãos, examine as reações deles, e veja se ele se tornou solitário e perigosamente separado da sua comunidade e dos valores dela.

Em poucas palavras, o coro passa de uma canção de louvor à heróica confiança e a realizações, que é a noção que Creonte tem de si mesmo, para a fragilidade da vida humana, o ciclo do destino, e os riscos do orgulho e do isolamento. O coro não diz que qualquer uma dessas coisas seja a perspectiva certa. Simplesmente as esboça, convidando Creonte a examinar a si próprio e suas escolhas de várias perspectivas diferentes. Mais adiante na peça, o coro continua no mesmo estilo, pedindo a Creonte que examine melhor, veja mais de um aspecto da sua situação. Esse é um artifício eficiente para a auto-reflexão, mas Creonte recusa-se a usá-lo, até ser tarde demais.

As minhas reflexões são confusas o bastante?

Podem os líderes realmente evitar a armadilha em que caíram Antígona e Creonte? A resposta, para Sófocles, é ao mesmo tempo pessimista e otimista. Ele não dá soluções infalíveis – porque líderes não podem escapar da sua humanidade imperfeita. Mas Sófocles também acredita que há como reduzir o risco de erros e tragédia, e isso surge mais tarde na peça.

Quando Antígona fica sabendo da sua sentença de morte, ela aceita o seu destino e diz a Creonte para não tardar com a punição. Eles discutem rapidamente. Ismene se oferece para morrer no lugar da irmã, mas Antígona recusa. Então, o coro fala que a morte de Antígona parece certa, e Creonte replica: "Certa ela é. Não há mais protelação."[16] Quando vemos Antígona de novo, ela é uma pessoa diferente. Seu orgulho e rebeldia desapareceram. O coro ao vê-la diz, "eis uma visão insuportável, diante da qual meus olhos não podem deixar de chorar"[17,] e Antígona replica:

> *Vocês me vêem, compatriotas, na minha última jornada...*
> *Despedindo-me pela última vez da luz do dia;*
> *Partindo para o meu descanso, onde a morte atravessará comigo*
> *Viva o silencioso rio...*

Nenhum hino de funeral; nenhuma música de bodas;
Nenhum sol deste dia em diante, nenhuma luz.
Nenhum amigo para chorar a minha despedida.[18]

Embora não tenha abandonado as suas convicções, Antígona agora entende o que vem a seguir. Antes, ela falava da morte com facilidade e confiança, mas a morte era apenas uma abstração naquele ponto. Agora, ela sente a dor do que vai perder e, pela primeira vez, Antígona faz alguma coisa que parece reflexão. Vai além do único princípio ético de obrigação para com os deuses e se interessa pela total complexidade da sua situação. Nas suas últimas palavras com o coro, ela lembra dos pais e da maldição lançada sobre a sua família; também fala do antigo mito da filha de Tântalo, que teve uma morte lastimável. Quando o coro diz que a sua própria obstinação foi a causa do seu destino, ela não responde furiosa e, tacitamente, concorda.

Agora Antígona, finalmente, está refletindo sobre a situação do modo como Sófocles recomenda. A versão de reflexão do sentinela é simples e básica. Ele hesita entre duas opções: ir logo procurar Creonte ou esperar. Em contraste, os pensamentos e sentimentos de Antígona cruzam um amplo espectro de importantes considerações. Cada uma tem uma relação direta com a sua decisão fatal de resistir ao edital de Creonte. Tivesse ela feito isso antes, a tragédia poderia ter sido evitada. O mesmo vale para Creonte. Mas, ao contrário de Antígona, ele não se desvia dos seus rígidos comprometimentos e opiniões baseados num fator único, até que um velho sacerdote e vidente chamado Tirésias o alerta com raiva do iminente juízo final e até saber que Antígona e o seu filho Haemon estão mortos.

Para Sófocles, boa deliberação é um processo confuso. Ele vai e volta, muitas vezes ziguezagueando entre sentimentos, idéias, fatos e análises. É discursivo e não linear. Não esquece o passado. Também fica na expectativa, com vívida imaginação, de possíveis conseqüências. A boa deliberação reconhece nítidos deveres assim como responsabilidades irrestritas. Ela pesa e julga princípios morais antes e depois de aplicá-los. Uma séria reflexão não se apossa de um único princípio grandioso – como o dever para com o país ou para com os deuses e a família – e deixa que ele oblitere outras considerações.

O melhor exemplo dessa forma de ver a deliberação não é o pensamento binário do sentinela ou mesmo os últimos pensamentos de Antígona: é toda a peça que Sófocles coloca na nossa frente. Ele quer que nós, como as suas antigas platéias, assistamos, sintamos, pensemos e sejamos atraídos em várias direções para vários pontos do drama. Enquanto questionamos se Creonte ou Antígona está certo ou se nós teríamos agido de outra forma, temos de considerar uma grande combinação confusa de problemas, princípios morais superiores, pressões e incertezas, precedentes históricos, vislumbres poéticos, as esperanças e temores de um bom número de indivíduos comprometidos, e limitações práticas. Alguém que esteja deliberando bem começa por aceitar tudo isso, compreender a sua complexidade e variedade, e reagir com a mente e o coração.

Emoções representam um papel complicado na boa reflexão. Se forem fortes demais, podem tornar a reflexão impossível, o que acontece com Antígona e Creonte. Mas um vácuo emocional é tão arriscado quanto. Em diversos momentos da peça, Creonte argumenta em termos puramente intelectuais com Antígona, Haemon, Tirésias e com o coro. Seus comentários são inteligentes, mas apenas inteligentes. Suas táticas de debatedor levam a escaramuças superficiais, não à compreensão ou sabedoria. Só quando Creonte e Antígona se vêem dilacerados em diversas direções, emocional e intelectualmente, é que sentimos que estão realmente lutando com as questões diante deles.

Mais uma vez, é o sentinela, um homem muito simples, que entende bem o que é fundamental. Ele tem medo de ir direto até Creonte, tem medo de demorar a ir. Mas os seus fortes sentimentos contrários não são um sinal de covardia. Eles o ajudam a compreender o que está realmente em jogo e o forçam a lutar corpo a corpo com a sua escolha. Similarmente, Antígona não se engalfinha com tudo que está em jogo até sentir a angústia de saber que sua vida e seus sonhos vão acabar em breve.

Sófocles sugere com todo o vigor que a boa reflexão, para indivíduos e especialmente para líderes, é o equivalente a ficar sentado no centro de uma teia de aranha e sentir com toda a atenção o que está acontecendo nas muitas diferentes dimensões de uma situação. Isso não é garantia de respostas corretas: não podemos transcender nossas fragilidades ou superar todas as forças à nossa volta. Mas Sófocles sugere que líderes têm muito mais probabilidade de tomar boas decisões depois de um longo período de deliberações confusas.

Estou encorajando um diálogo verdadeiro?

É natural pensar que a boa reflexão é basicamente um diálogo que acontece nos corações e mentes dos indivíduos. Em outras palavras, as pessoas olham para o que está acontecendo ao redor, transitam por uma variedade de considerações, prestam atenção ao que seus sentimentos e instintos lhes dizem, e depois decidem. Pela perspectiva de Sófocles, este quadro é preciso, mas perigosamente incompleto, especialmente no caso de líderes. Boa reflexão, sugere Sófocles, não é um exercício individual, mas fundamentalmente comunitário.

Com freqüência ouvimos dizer que o topo é um lugar solitário, mas isso tem dois significados. Um é que os líderes carregam o peso da responsabilidade final. No término do dia, depois de discussões e análises, os líderes comprometem a organização com um ou outro procedimento. Essas decisões afetam empregos, carreiras e retornos para os investidores; o seu impacto dissemina-se em ondas até as famílias e comunidades. Bons líderes, até os mais confiantes e bem-sucedidos, sabem como são grandes os riscos, para si mesmos e para os outros, quando tomam decisões importantes, e estão sozinhos na última chamada.

Mas, quando olhamos para Creonte, vemos um tipo diferente de solidão. O isolamento de Creonte é auto-imposto. Ele poderia ter procurado se aconselhar com outras pessoas antes de emitir o seu edital, mas não procurou. Ele diz aos seus concidadãos como é importante para os líderes procurar conselho, e aí trai esse princípio. Aristóteles definiu os seres humanos como animais sociais, mas Creonte repudia esse aspecto fundamental da humanidade, e trai os princípios que a sua sociedade mais valoriza.

O destino de Creonte está longe de ser inevitável. Ele está cercado de homens e mulheres que tentam mudar sua maneira de pensar apelando para os seus sentimentos, a sua noção de história, suas esperanças e sonhos, e suas lealdades para com a família e a comunidade. Falam com ele como a um ser humano, não como um líder no trono, mas ele os afasta. Antígona, como vimos, defende os seus deveres religiosos e familiares de um modo direto e vigoroso. Porque isso não dá certo, o coro adota outra abordagem. No decorrer da peça, o coro comporta-se com muita sutileza, oferecendo a Creonte nada mais nada menos do que a orientação que ele pode aceitar. Quando ele fica furioso, agem com deferência. Quando Creonte parece hesitar, fazem gentis sugestões. Quando alguma coisa acontece que poderia influenciar Creonte, como o aparecimento de Tirésias, eles chamam a sua atenção para isso.

O filho de Creonte, Haemon, apela para o pai como um filho dedicado, dizendo-lhe que o povo de Tebas está unido contra a decisão de executar Antígona. Tirésias diz a Creonte, como sacerdote e vidente, que está assustando com inquietantes augúrios. Até a hesitação do sentinela é uma mensagem para Creonte: de que ele está liderando pelo medo e simples poder. Todas essas realidades estão ali para Creonte ver, mas ele está cego para todas.

A tragédia de Creonte apresenta duas questões difíceis para os líderes. Uma é assustadora: Poderia eu percorrer um caminho semelhante de isolamento e traição a mim mesmo? Sófocles queria que o seu público, que incluía líderes cívicos de Atenas, visse que a resposta era positiva. Afinal de contas, Creonte é basicamente um bom líder, bem-intencionado e capaz. A outra questão para os líderes é prática. Como posso evitar o erro de Creonte de se recusar a um diálogo aberto, humano, com os outros e se tornar uma máquina de decisões?

Felizmente, a peça de Sófocles pode ser lida como uma resposta psicologicamente penetrante para essa segunda pergunta. A "resposta", entretanto, é peculiar porque consiste em mais perguntas. Cada uma delas pede aos líderes para se examinarem, com atenção e honestidade, para ver se encontram sintomas da doença de Creonte. Essas questões mostram as muitas maneiras como os líderes podem minar seus próprios esforços para reprimir o diálogo com pessoas instruídas e interessadas à sua volta.

EU ME SINTO COMO CREONTE? Alguns dos sentimentos de Creonte lhe proporcionam a probabilidade de fracassar e podem servir como sinais de alerta para todos os líderes. Creonte acha que está sozinho vendo a verdade, que os acontecimentos chegaram ao estágio de uma crise, e que tem de agir de imediato. Sente que está numa luta entre o bem e o mal, e que está sendo testado, como líder e como ser humano. Sente que a discordância com ele é um ataque pessoal. Todos esses sentimentos tornam os líderes vulneráveis ao desastre.

A visão que Creonte tem da situação o torna muito mais provável de ignorar ou suprimir as visões de todos que o cercam. Para ele, o problema é uma questão moral de certo e errado sem ambigüidades, e portanto não está aberta à discussão, e não é uma questão de fatos, julgamento e perspectiva onde indivíduos poderiam razoavelmente divergir. Ele talvez esteja certo sobre alguns aspectos da sua situação, mas isso não vem ao caso. O que o coloca em perigo é que ele se vê como um agente solitário, assediado pela verdade sem ambigüidades, e essa visão faz com que ele tenha muito mais dificuldade para ouvir, refletir e agir sabiamente.

A MINHA ANÁLISE E O MEU JULGAMENTO EVOLUÍRAM?
Líderes excepcionais têm o dom de chegar à essência das questões. Eles compreendem o que está realmente acontecendo numa situação, sabem o que tem de ser feito e podem comunicar aos outros a essência da questão clara e sucintamente. Mas uma posição sucinta e atraente numa questão árdua não deveria ser uma conclusão a que se chega com dificuldade. Para Creonte, infelizmente, é o seu ponto de partida.

Quando encontramos Creonte pela primeira vez, o fim da guerra civil era recente, e ninguém havia pensado direito em como restaurar a ordem. Não obstante, Creonte tem uma pequena relação de fatos críticos que, na sua cabeça, definem o problema que Tebas está enfrentando. Também tem uma limitada variedade de sentimentos: fervor patriótico e raiva dos seus inimigos, passados e presentes. Em situações complicadas, e especialmente em circunstâncias diante das quais um líder jamais se viu, pequenos conjuntos de fatos e sentimentos são um perigoso ponto de partida.

Se tivesse parado para pensar, Creonte teria notado que estava agindo com base numa suposição bastante dúbia: de que a resposta certa para Tebas, numa situação sem precedentes, tinha brotado da sua cabeça totalmente formada e não poderia ser melhorada com diálogos e deliberações com outras pessoas. Haemon tenta alertar o pai para isso com um simples mas poderoso apelo:

Que o seu primeiro pensamento não seja o único.
Pense se não haverá outra maneira.
Certamente, pensar que é dono da única sabedoria,
E que a sua é a única palavra, a única vontade,
Trai um espírito superficial, um coração vazio.
Não é fraqueza para um homem sábio
Aprender quando está errado, saber quando ceder.
Portanto, à margem de um rio cheio,

Árvores que se curvam para a torrente vivem inteiras,
Enquanto aquelas que oferecem resistência são arrancadas.[19]

Essas palavras traduzem um aspecto central do que é, para Sófocles, sábia reflexão e boa liderança. A imagem central da vida como uma torrente – forte, perigosa e imprevisível. Ela exige flexibilidade e castiga "espíritos superficiais" e "corações vazios", incapazes de reagir flexivelmente à complexidade das situações humanas. Creonte adota uma posição antes mesmo de saber contra o que ele é, e não muda, apesar de todos os conselhos nesse sentido. Sua punição, sugere Sófocles, vem não da má sorte ou resistência de outros pares, mas de alguma força elementar da vida que esmaga a arrogância e poupa o sutil, o modesto e o submisso.

SEI ESCUTAR AS VOZES DA PRUDÊNCIA? Entre as muitas pessoas ignoradas por Creonte, há algumas que aconselham prudência. Essas são as vozes que Creonte tem mais dificuldade de ouvir, porque ele escorou a sua liderança no alto princípio da lealdade patriótica. Creonte rejeita as opiniões de Antígona, mas pelo menos as reconhece; num determinado momento, até discute com ela. O diálogo é breve e legalista – Creonte jamais consegue entender a essência moral e emocional das convicções dela –, mas Antígona tem a sua atenção porque, como ele, ela está falando em termos de elevados princípios.

Os argumentos que Creonte tem mais dificuldade de escutar envolvem prudência, cautela e cuidado. O sentinela é excessivamente prudente, e Creonte acha que ele é um covarde. Quando Haemon diz ao pai que os cidadãos de Tebas estão unidos contra a sua decisão, Creonte não quer saber, dizendo que Haemon só está tentando salvar a noiva. Tirésias também aconselha cautela, dizendo a Creonte que ele andou vendo pássaros lutando violentamente, grasnando numa linguagem desconhecida e considera isso tudo como sinistros alertas sobre as suas decisões. Creonte dispensa o idoso vidente e argumenta que Tirésias inventou esses augúrios para promover a sua reputação.

A recusa de Creonte em ouvir perturba Tirésias de tal modo que ele pergunta: "Ah, existe alguma sabedoria no mundo?" Creonte continua recusando-se a examinar o que Tirésias lhe dissera e retruca: "Ora, qual o significado dessa censura exagerada?", ao que Tirésias imediatamente replica: "Que prêmio sobrepuja o valor inestimável da prudência?"[20] O homem mais sábio e mais reverenciado da comunidade está sendo muito indelicado. Num momento crucial para Creonte e para Tebas, ele chama uma coisa de inestimável. Não um elevado princípio ou mesmo religião, mas prudência — em outras palavras, cuidado, atenção e interesse a respeito de uma ampla gama de considerações práticas. Elas tipicamente não podem ser reduzidas a um único e abrangente princípio na mente de um só indivíduo.

Claro, líderes precisam de outras virtudes, e Tirésias sabe disso. Mas ele louva a prudência, porque é fácil para os líderes a desprezarem, especialmente em épocas de pressão e perigo. A prudência sabe a compromisso, a fraqueza e a hesitação. Ela parece minar a dedicação a princípios e altos propósitos. Mas Tirésias já foi testemunha, em muitas ocasiões, de como a torrente de acontecimentos acelerados facilmente esmaga líderes orgulhosos dedicados a altos princípios e que esquecem as complexas realidades humanas que os cercam.

Amor ou paixão?

Para Sófocles, o diálogo é, na melhor das hipóteses, muito mais do que um hábito de ouvir com atenção. Ele se baseia num alicerce de profunda consideração e cuidado com a outra pessoa. Sófocles chama a isso de amor, e o distingue nitidamente dos sentimentos afins de paixão e desejo. Estes sentimentos podem parecer amor, mas são na verdade perigosas contrafações e minam o verdadeiro diálogo. Amor, na mente de Sófocles, envolve devoção e preocupação com os outros. Então, ele ajuda os líderes a olharem para fora de si mesmos e compreender o que os outros pensam e sentem. Paixão, em contraste, é egoísta. Busca satisfazer necessidades e desejos urgentes e, portanto, obscurece ou oblitera o que os outros estão dizendo ou sentindo. Amor e paixão possuem similaridades – ambos envolvem sentimentos intensos –, mas afetam os líderes de modos muito diferentes.

Vemos esse amor em Antígona. Ela se preocupa profundamente tanto com os irmãos quanto com Ismene, sua irmã. Conseqüentemente, os severos ataques de Antígona a Ismene não impedem que, no fim, as duas mulheres se entendam. As últimas palavras que as duas trocam são de partir o coração, mas sem raiva ou recriminações.

Em contraste, Creonte não ouve virtualmente nada que Haemon lhe diz, mesmo que o filho se esforce para mostrar seu amor e sua devoção ao pai. Creonte é consumido pelo seu modo de ver e fazer as coisas, e isso passa por cima do seu amor pelo filho. Suas últimas palavras não poderiam ser mais duras. Creonte diz aos seus soldados para trazer a "diaba" Antígona para que seu noivo a veja morrer. Haemon, em resposta, foge e diz ao pai que jamais tornará a vê-lo.

O coro assiste a essa cena terrível, espera até Creonte sair e em seguida dá uma nota de esperança, perguntando: "Onde está o equivalente ao Amor? Onde está a batalha que ele não pode vencer, o poder que não pode superar?" Mas o coro abruptamente retorna aos trágicos acontecimentos que está testemunhando e lamenta o destrutivo poder da paixão, chamando-a de "garra da loucura" e uma força que conduz pessoas boas, como Creonte, a "labirintos de pecado e contendas".[21]

Por intermédio de Creonte, Sófocles nos mostra sinais de alerta que indicam quando a paixão tomou conta de um líder. Já vimos um deles: Creonte vê a divergência como uma afronta ou ataque pessoal e revida em termos pessoais – em outras palavras, seus argumentos baseiam-se na raiva e não na lógica. Outro sinal de alerta são as reações estridentes, de gatilho sensível, a rebeldias ou sugestões. Outro é a linguagem antagonista, inflada. Outro ainda é frustrar a discussão e a divergência fazendo valer a posição social e autoridade; por exemplo, quando Creonte não quer ouvir Haemon ele pergunta: "A essa altura da minha vida, vou escutar sermões de um sujeito da sua idade?"[22] Talvez o sinal de alerta mais claro seja tratar com rudeza os conselhos de gente próxima a um líder e que fala com carinho, preocupação ou amor. Se não compreendem o que um líder está fazendo, podem muito bem estar recuando para o isolamento e o perigo.

Tenho veneração pelos deuses?

Durante toda a peça, o coro dá um claro exemplo de reflexão saudável. Está totalmente imerso na situação e, no entanto, ao contrário de Creonte e Antígona, não está inicialmente comprometido com uma única perspectiva dominante. Ele vai e vem por uma ampla gama de fatores que Creonte deveria ter considerado, mas não o fez. O coro busca o diálogo tanto com Creonte quanto com Antígona, para compreender as perspectivas deles e, ao mesmo tempo, alargar suas visões. Mas o coro não reflete interminavelmente. Delibera, dialoga e depois chega a uma conclusão – que Creonte cometeu um erro enorme e deve agir imediatamente. Assim que Creonte parece pronto para ouvir essa conclusão, o coro a declara nítida e convincentemente.

Bem no fim da peça, entretanto, o coro diz algo que parece cortar pela raiz o seu esforço exemplar para deliberar solicitamente e agir com responsabilidade. Estas são as suas últimas palavras:

Da felicidade a coroa
E a parte principal
É a sabedoria,
E venerar os deuses.
Essa é a lei

Isso, vendo o coração
Orgulhoso abatido,
Aprendemos na velhice.[23]

A clara sugestão parece ser que os maiores empenhos para viver bem e tomar boas decisões são esforços frágeis, até arriscados. Os deuses, nos dizem, cuidam de tudo, e não devemos pensar que os compreendemos ou influenciamos. A atitude mais sábia é a reverência – uma combinação de medo, pavor, admiração e assombro. Mas, se for o caso, se formas maiores invisíveis podem nos derrubar como pinos de boliche, então por que se preocupar em deliberar, agir e liderar?

Felizmente, a passividade e o fatalismo não são a visão final de Sófocles, e essa passagem não os recomenda. Pelo contrário, Sófocles está nos oferecendo uma perspectiva final sobre a boa deliberação. Está tentando comunicar a importância de fugir das garras das circunstâncias imediatas e buscar perspectivas mais amplas sobre decisões difíceis. E está sugerindo que façamos o que o coro faz: procurar perspectivas que sejam profundas e desafiantes. Ninguém mais na peça faz isso. Ismene, Haemon e Tirésias, todos tentam mudar a maneira de pensar de Creonte chamando atenção para outros aspectos da situação imediata. Isso é importante, porque Creonte está passando feito um rolo compressor sobre importantes considerações, mas as pessoas que discordam dele também estão cativas do momento.

O coro, em contraste, está tentando ir além do aqui e agora. O modo tradicional de descrever essa abordagem é olhar para as coisas *sub species aeternitatis*, ou pela perspectiva da eternidade. A frase não pode ser tomada literalmente – só um ser divino poderia ver por essa perspectiva. O que ela recomenda é um grande esforço para erguer nossos horizontes e colocar um acontecimento ou decisão num contexto mais amplo, mais profundo.

Quando o coro diz para reverenciar os deuses, está sugerindo que a reflexão saudável envolve uma profunda noção de modéstia e humildade. Creonte supõe, desde o início, que compreende integralmente a situação diante dele e vê com clareza o caminho certo. Jamais considera a possibilidade de poder estar profundamente errado. Quando vê o sentinela, o filho, o vidente Tirésias e o coro examinando a situação por outras perspectivas, ele os condena como covardes ou corruptos, acreditando que a sua visão é incontestável. Creonte pensa que os outros estão se encolhendo de medo, mas o coro está sugerindo que Creonte na verdade é quem precisa encurvar-se um pouco – diante da complexidade do problema que está enfrentando e das opiniões divergentes da sua comunidade.

"Venerar os deuses" pode também ser um alerta contra uma possível calamidade, um incentivo para que se reze e mostre respeito, e um lembrete de que existem reinos e mistérios que estão acima da compreensão humana. O coro diz que essa é a "primeira lei", sugerindo que o universo tem leis naturais morais que devem ser obedecidas. Para outras pessoas e em outras circunstâncias, a frase "venerar os deuses" sugeriria outra orientação, mas o objetivo supremo das últimas palavras do coro é despertar a imaginação moral. Ele quer que o seu líder procure elementos maiores, mais profundos, naquilo que parecem ser problemas práticos urgentes.

O coro também indica meios para se fazer isso. Invoca história, contos de tempos antigos, tradições religiosas e princípios morais básicos. Nós já discutimos dois deles – "Ode ao Homem" e a surpreendente passagem sobre amor e paixão. Mas os específicos não importam tanto quanto a abordagem básica à reflexão que o coro oferece. A boa reflexão envolve olhar para uma situação num tipo peculiar de espelho. Um espelho comum nos dá uma réplica, mas essa abordagem é análoga a espiar dentro de uma piscina funda. Vemos as coisas com mais clareza porque as vemos com menos nitidez. Ao lutar para colocar uma situação contra diferentes panos de fundo, os líderes podem ter vislumbres da sabedoria de que muitas vezes estão precisando.

Essa abordagem à reflexão não é um exercício para se descobrir um ditado venerável, aplicando-o a uma situação particular, e depois sabendo como pensar ou o que fazer. Nenhum dos elementos de história, religião, poesia ou moralidade que o coro levanta tem claras ou imediatas implicações. O que fazem é ajudar um líder a sair de uma situação imediata, pelo menos por alguns momentos, e depois lutar corpo a corpo com algumas das maneiras mais profundas e desafiadoras de pensar a respeito. Sabedoria não é um chavão para elevar os espíritos ou um "pensamento do dia" retirado de um calendário sugestivo. É, sugere Sófocles, o resultado de parar e tentar ver pressões imediatas e problemas urgentes num contexto mais amplo de vida, história e responsabilidade.

LIDERANÇA, CEGUEIRA E REFLEXÃO

Para líderes, o tema da cegueira talvez seja o aspecto mais forte e perturbador da história de Antígona e Creonte. Líderes, sugere Sófocles, são vulneráveis a uma cegueira auto-infligida muito pior do que a deficiência física que impede Tirésias de enxergar. Tirésias pode captar o que está acontecendo ao seu redor; os olhos de Creonte funcionam, mas a sua mente e o seu espírito o traem. Ele pega situações complexas e tira raios X delas, deixando de fora uma multidão de considerações importantes. O que não se encaixa no molde do seu critério único é colocado de lado, como são os relacionamentos com qualquer um que duvide ou desconfie das decisões de Creonte. Conseqüentemente, a sua abordagem à liderança é estreita, mecânica e, portanto, subumana. Em contraste, o coro luta com a questão do funeral de Polinice de um modo totalmente humano.

Sófocles sugere que os pensamentos e sentimentos de bons líderes devam ser tão complexos e ricamente humanos quanto a situação em que se encontram. No fim, é claro, bons líderes têm o dom da simplicidade. Eles destilam – através de palavras e atos que comunicam com clareza e eficácia – a essência de situações complexas. Mas a simplicidade convincente não pode ser alcançada sem atacar de frente a complexidade. Isso, inevitavelmente, leva tempo. Corre o risco de atrasos e pode se tornar uma desculpa para hesitação e inércia. Mas Sófocles sugere que os líderes enfrentem um risco maior com conseqüências mais graves: o risco de se comprometerem e agir prematuramente ou com precipitação, como fazem Creonte e Antígona. Eles estão convencidos de que sabem o que é melhor, evitam diálogos reais com outras pessoas e consigo mesmos, e mergulham de cabeça no desastre.

CAPÍTULO 9

Julgando o caráter

AS QUESTÕES DE CARÁTER e as histórias em cada um dos capítulos oferecem meios para se olhar para dentro – com mais clareza, mais honestidade e mais perspicácia –, e aprender com testes e desafios. Mas como olhar para dentro ajuda homens e mulheres a se virarem para fora e liderar com mais eficiência? O autoconhecimento que resulta de se fazer e responder às questões de caráter pode ajudar líderes e aspirantes a líder de duas maneiras. Primeiro, permite que julguem melhor o seu próprio caráter e liderança. Em particular, eles vêem se estão no caminho certo e se têm a autoconfiança, a determinação e a intensidade necessárias aos líderes. Segundo, o autoconhecimento ajuda de um modo paradoxal: líderes que se conhecem podem julgar melhor as pessoas que lideram.

JULGANDO A SI MESMO

Este livro examinou de perto as vidas de mais ou menos uma dúzia de indivíduos. As coisas não deram certo para vários deles, mas nenhum – exceto Tony Lowder – começou com a intenção de atrapalhar a sua vida. Okonkwo quer proteger as tradições da sua comunidade de uma grave ameaça. Creonte está tentando terminar uma guerra civil sangrenta. Willy Loman quer ser um bom pai, um conceituado caixeiro-viajante e um ousado empreendedor. Monroe Stahr arruína a sua saúde dedicando-se à empresa que está construindo.

Além do mais, nenhum desses indivíduos, incluindo Tony Lowder, pode olhar para trás e apontar um único erro decisivo. Os testes de caráter nos quais fracassaram ocorrem gradualmente, de forma quase imperceptível, durante longos períodos. Leva décadas para Tony ter sucesso, mas perdendo a alma, para Willy começar a vagar entrando e saindo de ilusões, e para Okonkwo se esconder e afastar amigos, família e comunidade. Vários desses indivíduos se perdem como acontece às vezes com turistas nas cidades velhas, onde as ruas seguem antigas trilhas de vacas, riachos e fortificações. Conforme um caminho leva a outro, pequenos enganos transformam-se em erros graves. Em outros casos, o comportamento ocasional solidifica-se no hábito. Os dias de trabalho de Stahr ficam cada vez mais longos, Willy vai deixando aos poucos de encantar os filhos com hipérboles e começa a enganar a eles e a si mesmo, e os papéis sociais de Tony gradualmente completam uma hostil apropriação da sua vida.

Mantendo o curso

Responder às questões de caráter não garante nada, mas elas podem reduzir as chances de que líderes se percam pelo caminho. As questões funcionam, em parte, ajudando indivíduos a dar atenção ao essencial e compreender o que realmente é importante para eles. Na melhor das hipóteses, elas funcionam como corrosivos, arrancando camadas de impurezas e expondo o metal puro.

Por exemplo, os talentos de Monroe Stahr poderiam ter aberto muitas portas profissionais, mas ele sabia em que estava realmente interessado e encontrou um trabalho que parecia ser o seu destino. Vesta ensinou Jerry a valorizar e proteger o seu "lado mole" e evitar sucessos que significavam passar por cima dos outros. Thomas More aprendeu, através de adversidades e longas reflexões, que o seu compromisso essencial era com a sua fé. Em todos esses casos, o autoconhecimento ajudou líderes a construir suas vidas e carreiras sobre bases firmes. Eles puderam sustentar os seus comprometimentos em épocas difíceis porque refletiam os seus impulsos mais profundos.

As questões de caráter também ajudam líderes a permanecer em curso de outra forma surpreendente: elas encorajam homens e mulheres em posições de responsabilidade a fazer as suas próprias reflexões pessoais de um modo impessoal. Isso é importante porque a introspecção malfeita pode fazer os indivíduos caírem na armadilha das suas próprias palavras. A reflexão esporádica de Okonkwo só reforça as suas convicções iniciais. Creonte e Antígona fazem o mesmo. Aos 59 anos, Jerry está reprimido porque quer que suas ruminações mitiguem a sua culpa em vez de ajudá-lo a compreender como irá viver a fase seguinte da sua vida.

Solipsismo é o termo filosófico para a versão mais exagerada desse risco. É a convicção de que o eu de alguém é a única realidade, e com freqüência seduz líderes, em particular aqueles que tiveram sucesso. Uma história antiga conta como um jovem começou a sua carreira na cidade de Nova York e ia de metrô para o trabalho. Sua carreira progrediu, então ele se mudou para o subúrbio e viajava de trem. No fim, ele se tornou um CEO, e um motorista o levava para a cidade. Em outras palavras, seu sucesso lhe proporcionou um maior isolamento dos outros, das más notícias e de uma desconfortável comparação com as outras pessoas.

Esse padrão é muito comum, na vida e na literatura. Numa declaração extraordinária, o juiz do Delaware Chancery Court escreveu que Michael Eisner, o ex-CEO da The Walt Disney Company, havia "se entronizado como o monarca onipotente e infalível do seu Magic Kingdom pessoal".[1] Mas solipsismo dificilmente se limita a CEOs imperiais ou governantes como Creonte; Willy Loman, um representante de vendas profissional, vive na sua própria e triste terra da fantasia.

Indivíduos que não se comparam com outros não podem realmente julgar a si mesmos. Mas quais as comparações relevantes? Comparações externas baseadas em riqueza, poder e status são as mais fáceis de fazer. Elas pegam uma única dimensão da vida, convertem-na numa escala quantificada e comparam o desempenho de todos. Os bilionários ficam melhor classificados dos que os centimilionários, que se classificam melhor do que os esforçados decamilionários.

Padrões externos são com freqüência implantados cedo na vida, o que dificulta resistir a eles, mesmo quando as conseqüências são óbvias. Um gerente me disse que seu pai severo recusava-se a elogiar uma nota nove e meio, e dizia apenas: "Você pode fazer melhor do que isso." Esse homem mais tarde sentiu que a sua vida fora dominada pelo que chamava de "a expectativa de um desempenho superior". Ele disse que essa foi "a mais nociva expectativa que tenho com relação a mim mesmo. Eu a vi dominar outros anseios e impulsos que tenho. Vi as decisões unilaterais a que ela me levou e senti muitas vezes penosas as repercussões emocionais e espirituais".

A incessante competição coloca todo mundo, até os mais talentosos e bem-sucedidos, numa interminável e enlouquecedora esteira rolante. O escritor Gore Vidal disse, talvez com ironia, que todas as vezes que outro autor recebia uma boa crítica um pedacinho seu morria. Alguém, em algum lugar, sempre tem mais. Vencedores de um Prêmio Nobel podem parecer ter chegado ao auge das suas vidas profissionais, mas poderiam sempre se comparar desfavoravelmente com Marie Curie, Linus Pauling, John Bardeen e Frederick Sanger, que ganharam o prêmio duas vezes.

Comparações externas nos pedem para julgar quem alcançou a linha de chegada primeiro. Em contraste, as questões de caráter nos deixam concentrados na linha de partida. Ali encontramos outros indivíduos como nós mesmos, cada um com seus talentos, compromissos, falhas e interesses particulares. Cada um está tomando um caminho pessoal na vida, não um conjunto de raias numa pista de corrida, e todos terão seu caráter testado de diferentes modos. Vemos isso no extraordinário leque de personalidades que apareceram num pequeno número de histórias, como Okonkwo, Linda Loman, Creonte, Vesta Lotte Battle e Monroe Stahr. Podemos ver também olhando simplesmente para as pessoas à nossa volta. Por conseguinte, parece absurdo comparar todos segundo um único padrão. Friedrich Nietzsche, o grande filósofo alemão, observou isso na famosa pergunta: " 'Este é o meu caminho, onde está o seu?' Assim eu respondia aos que me perguntavam pelo 'caminho'. Porque o caminho não existe!"[2]

Ao mesmo tempo, temos todos uma humanidade em comum. Podemos indagar questões de caráter sobre nós mesmos e sobre os outros. Podemos observar e aprender com os outros – como Jerry aprende com Vesta, apesar de todas as suas diferenças –, sem tentar ser melhor do que eles. Isso está implícito na enunciação de cada pergunta. A primeira indaga sobre bons sonhos para a vida e o trabalho, não sobre os melhores sonhos. A segunda, sobre um código moral firme, não o melhor código moral. A idéia básica é olhar para os outros em busca de lições, idéias e alertas, e não para ver quem está chegando perto de algum objetivo. De todas as coisas que dão valor à vida, muito poucas podem ser postas numa escala padronizada e classificadas.

Mantendo propósito e motivação

As questões de caráter também podem ajudar homens e mulheres a ver se estão liderando com uma forte noção de direção, verdadeira determinação e um sentimento de energia e vitalidade. Isso é importante porque quase todos ao redor de um líder são extremamente sensíveis aos seus estados mentais e emocionais. Como um executivo certa vez me disse, os seguidores têm um relacionamento com os líderes que é "silencioso, próximo, contínuo e observador". Joseph Conrad, com base em anos de experiência no mar, sabia disso muito bem. Lembre-se do que aconteceu com o jovem capitão. A chegada de Leggatt o desestabiliza, e sua mente fica dividida demais entre os seus deveres como capitão e a sua conduta com o seu parceiro secreto. Conseqüentemente, a tripulação fica desconfiada e com medo. O que Conrad nos mostra em seguida é muito instrutivo. O capitão olha para dentro – ele passa vários dias muito difíceis lutando com a sua situação e consigo mesmo – e compreende como o seu eu dividido está arruinando seu trabalho e sua vida. Então ele se volta para fora; depois de vários passos difíceis e pacientes na direção certa, acaba aceitando a responsabilidade por si mesmo e pelo seu navio. Suprime o seu parceiro secreto, literal e emocionalmente, sente um surto de autoconfiança e energia, e descobre que agora pode liderar os seus homens com determinação e intensidade. A tripulação percebe isso e fica aliviada e grata por ter um líder que está no comando de si mesmo.

Como Conrad deixa claro, o novo capitão passou apenas em um dos primeiros testes de caráter na sua carreira como capitão. Outros virão inevitavelmente, e alguns deles o deixarão inseguro, buscando respostas e energia. Quando isso acontecer, é provável que a mesma abordagem seja útil: olhar para dentro, refletir e se avaliar, depois olhar para fora e agir.

Outros indivíduos que discutimos nunca fazem isso. De fato, dois deles jamais se entendem com seus próprios parceiros secretos. Willy não consegue sacudir o seu misterioso irmão, Ben, cuja aura de aventura e riqueza mina a noção que Willy tem de si mesmo. O parceiro secreto de Okonkwo é a imagem do seu pai fraco e inútil. Como resultado, Okonkwo procura uma vida que não é a do seu pai nem a sua. Nem Creonte ou Antígona estão dispostos a olhar para dentro e lutar com os problemas éticos e práticos que angustiam a sua comunidade.

É fácil, claro, criticar caráter tão fictício, assim como indivíduos na vida real que são incapazes de cumprir o ciclo de olhar para dentro, fazer julgamentos honestos e às vezes penosos sobre si mesmos, e depois voltar-se para fora e se comprometer com uma atitude. Mas não devemos ser muito severos. Olhar para dentro leva tempo e não é uma atitude natural de homens e mulheres orientados para agir. E, como Tony Lowder, as pessoas podem não gostar do que vêem. Além disso, voltar-se para fora também pode ser muito difícil.

Jerry aprende isso quando é jovem. Ele luta muito com o seu relacionamento com Vesta e suas responsabilidades com ela. Isso o deixa dividido e fraco, mental e fisicamente. Leva anos para ele descobrir um jeito de viver e construir uma carreira que reconcilie o inquietante exemplo de Vesta com a sua própria vida e necessidades. Então, quase com sessenta anos, Jerry reinicia o ciclo, acionado pela aposentadoria e problemas cardíacos. Vesta permanece sua companheira inquietante enquanto ele passa um bocado de tempo pensando sobre a sua vida e os seus valores. Mas a história termina antes que Jerry se volte para fora e dê os passos práticos para moldar a fase seguinte da sua vida. Esse é o seu próximo grande teste de caráter.

A energia resultante de quando se enfrenta logo de início os testes de caráter não depende de vontade, resistência ou força. Se fosse assim, Okonkwo teria sido um líder exemplar. A energia que importa é a tranqüila autoconfiança e certeza. Líderes a conseguem enfrentando duros desafios e depois aprendendo – sobre si mesmos e liderança.

As atitudes interiores de um líder são contagiantes, no bom e no mau sentido. Isso acontece nos menores ambientes: Jerry pôde sentir a calma e o autocontrole de Vesta quando tinha dezenove anos, e ainda sente quarenta anos depois. A integridade de More tinha uma influência estimulante sobre todos que o cercavam – até o rei, homem de extraordinária força, talento e ego. Pequenas organizações logo percebem a psicologia e as emoções de um líder: assim que o novo capitão pisa a bordo, os veteranos homens do mar sentem o seu desconforto. Mas os efeitos onda até atravessam grandes comunidades e organizações: todos em Tebas percebem a ira de Creonte, enquanto que a dedicação e o propósito de Monroe Stahr enchem de vigor um grande estúdio cinematográfico. Bons líderes sabem quem são. Outros sentem isso e ficam com uma sensação de autoconfiança e propósito. E quando líderes olham para dentro e se sentem perturbados, as questões de caráter tornam-se importantes de outro modo. Talvez tenham feito todo o possível, talvez tenham feito a mesma coisa por muito tempo, ou quem sabe a sua adaptação ao emprego nunca foi correta. Isso não significa que fracassaram, mas sim que chegaram a um ponto nas suas carreiras em que as questões de caráter podem ser muito importantes.

JULGANDO OS OUTROS

Jean Riboud foi apresentado no capítulo 8 como um profissional do desconforto estratégico, mas foi extraordinário de outra maneira.[3] Enquanto Riboud foi CEO, a Schlumberger teve um sucesso espetacular por causa dos seus cientistas e engenheiros, que desenvolveram as mais avançadas tecnologias para detectar reservas de petróleo, e por causa dos seus valentes e intrépidos engenheiros de campos de petróleo, que empregaram a tecnologia em equipamentos *offshore* e nos desertos e selvas pelo mundo afora. Mas a companhia era dirigida por um homem sem treinamento em ciência, engenharia ou exploração de petróleo. Os antecedentes de Riboud eram bancários, e ele era apaixonado por arte e política.

O que permitiu a Riboud liderar a Schlumberger foi a sua habilidade incomum para julgar o caráter. Como Marcel Schlumberger, o fundador da empresa e seu mentor, Riboud passava longos períodos nas reuniões sentado quieto, sem dizer nada e ouvindo atentamente. Marcel Schlumberger fazia isso, ele disse, para poder "compreender que tipo de pessoas estava dirigindo a minha empresa". E quando Riboud analisava em silêncio os outros, recorria a um conjunto extraordinário de experiências pessoais.

Na Segunda Guerra Mundial, durante a ocupação da França pelos alemães, Riboud e um amigo tentaram ingressar na resistência francesa no norte da África, mas foram capturados pelos alemães e mandados para Buchenwald. Ali, Riboud destacou-se como um líder entre os prisioneiros. Em outras palavras, numa idade em que muitos jovens agora freqüentam programas de MBA, Jean Riboud estava treinando liderança e caráter num dos mais horrendos cenários dos tempos modernos.

Organizar os prisioneiros não era uma tarefa fácil – em parte porque os guardas do campo coagiam ou induziam alguns prisioneiros a espionar os outros. Líderes como Riboud tinham de fazer julgamentos de caráter rápidos e precisos para trazer à luz espiões e decidir quais dos prisioneiros poderiam ajudar na causa deles. Basicamente, Riboud buscava um elemento crucial de caráter. Decidiu que não fazia diferença se os prisioneiros eram comunistas, socialistas, cristãos ou judeus. O que contava era se estavam intensamente comprometidos com algo além da sua própria sobrevivência individual.

Riboud mais tarde disse: "Eu vi o pior e o melhor dos seres humanos, a tal ponto que jamais pensei que poderia ser tão ruim e tão bom, tão sinistro e tão perfeito." Aprendeu que "na presença da morte tem quem luta e tem quem desiste, tem os que sobrevivem e os que não sobrevivem". Finalmente, "convicções e integridade" eram o mais importante.

Riboud usou essas lições para liderar a Schlumberger. Isolou os elementos de caráter que eram cruciais para o seu negócio e os procurava com insistência. O que Riboud queria era "guerreiros", isto é, homens e mulheres determinados a alcançar os níveis mais altos. Eles eram críticos para a Schlumberger alcançar o seu pleno potencial, particularmente porque a sua tecnologia avançada e o mercado mundial ávido por petróleo já tinham garantido sólidos retornos.

Em outras palavras, Riboud reconheceu que combinar as habilidades de indivíduos às necessidades de uma organização era uma tarefa importante. Mas ele não via candidatos para contratar e promoções como componentes com *plugs* compatíveis. Riboud queria compreender quem eram essas pessoas, assim como o que poderiam fazer. Portanto, ele se esforçava para avaliar caráteres. Procurava os "guerreiros" de que Schlumberger precisava, mas todos os líderes precisam de uma forma calibrada de avaliar os caráteres dos homens e mulheres que contratam e promovem.

As perguntas neste livro oferecem um valioso meio para isso. Uma abordagem comum para julgar pessoas nas organizações é focalizar o desempenho; daí a pergunta ubíqua: "O que você fez por mim ultimamente?" Em contraste, as questões de caráter são uma forma de os líderes olharem mais fundo e vislumbrar o caráter, o grande mecanismo que movimenta o desempenho: Quais são os sonhos e aspirações das pessoas de quem dependo? Seus códigos morais são flexíveis? Elas estão prontas para assumir responsabilidades? Podem combinar habilmente princípios e pragmatismo? Seus pensamentos e reflexões oscilam de um lado para outro antes de fazerem um julgamento? Se líderes examinarem essas questões para si próprios, estarão em melhor posição para fazer e responder às mesmas perguntas a respeito dos outros.

Usamos histórias de indivíduos fictícios para compreender questões de caráter, mas histórias não se limitam à ficção. O poeta Lisel Mueller escreveu: "A história de nossa vida torna-se a nossa vida."[4] Se gerentes querem compreender e liderar os homens e mulheres à sua volta, podem lentamente reconstituir suas histórias fazendo o que este livro fez: observar bem, notar detalhes reveladores, ler nas entrelinhas, ambientar o trabalho no contexto da vida, procurar lições aprendidas com grandes desafios e refletir como as respostas dos outros às questões de caráter se comparam com as suas.

NOTAS

Capítulo 1
1. David Lilienthal, *Management: A Humanist Art* (Nova York: Columbia University Press, 1967), 18.
2. Arthur Miller, *Death of a Salesman* (Nova York: Penguin Books, 1976), 132.
3. Ibid., 128.
4. Ibid., 120.
5. Brian Dennehy, entrevista por Paul Solmon, *Online NewsHour*, 10 de fevereiro de 1999.
6. Arthur Miller, *Arthur Miller's Collected Plays* (Nova York: Viking Press, 1957), 27.
7. Miller, *Death of a Salesman*, 23.
8. Ibid., 29.
9. Ibid., 139.
10. Ibid., 81.
11. T. E. Lawrence, *Os sete pilares da sabedoria*. Anchor Books, 1991, 24.
12. H. H. Stevenson e D. E. Gumpert, "The Heart of Entrepreneurship", *Harvard Business Review*, março-abril de 1985, 85-94.
13. Miller, *Death of a Salesman*, 35.
14. Ibid.
15. Ibid.
16. Ibid., 65.
17. Ibid., 63,64.
18. Ibid., 126.
19. Percy Epler, *The Life of Clara Barton* (Nova York: MacMillan, 1917).
20. Miller, *Death of a Salesman*, 82.
21. Essa criatura foi inventada por Hugh Lofting, autor de livros infantis. Ver Hugh Lofting, *The Story of Dr. Dolittle* (Nova York: Harper Collins, 1997).
22. Miller, *Death of a Salesman*, 127.
23. Ibid., 133.
24. Ibid.
25. Ibid.,12.
26. Ibid., 56.
27. Ibid., 44.
28. Ibid., 138.
29. Logan Pearsall Smith, *Afterthoughts* (Nova York: Harcourt, Brace, 1931), 62.
30. William Shawcross, *Murdoch* (Nova York: Simon and Schuster, 1997), 212.
31. Miller, *Death of a Salesman*, 97.
32. Ibid., 18.
33. Ibid., 15.
34. Ibid., 44.
35. Timothy D. Wilson, *Strangers to Ourselves* (Cambridge, MA: Belknap Press of Harvard University Press, 2002).
36. James Burke, entrevista por Richard Tedlow, videoteipe, 13 de fevereiro de 1989 (Boston: Harvard Business School Media Service, tape 4179).

37. John Steinbeck, *Of Mice and Men* (Nova York: Penguin Books, 1993), 57.
38. Ibid., 14.
39. Ibid.
40. Miller, *Death of a Salesman*, 138.

Capítulo 2
1. Charles R. Larson, *The Emergence of African Fiction* (Bloomington, IN: Indiana University Press, 1972), 62.
2. Chinua Achebe, *Things Fall Apart* (Nova York: Fawcett Crest, 1993), 7.
3. Ibid., 188.
4. Ibid., 191.
5. Ibid., 27.
6. Ibid., 32.
7. Ibid., 51.
8. Ibid., 52.
9. Ibid., 59.
10. Ibid.,61.
11. Ibid., 59.
12. Ibid., 130.
13. Ibid., 162.
14. Ibid.
15. Ibid., 129, 143, 123.
16. Ibid., 134.
17. Ibid., 148.
18. Linda A. Hill, Jennifer M. Suesse, e Mara Willard,"Franco Bernabè at ENI (A)", Case 9-498-034 (Boston: Harvard Business School, 1997), 4.

Capítulo 3
1. Allan Gurganus, "Blessed Assurance", em *White People* (Nova York: Ivy Books, 1990), 265.
2. Ibid., 241
3. Ibid., 271.
4. Ibid.
5. Ibid., 273.
6. Ibid., 278.
7. Ibid., 282.
8. Ibid., 293.
9. Ibid., 305.
10. Ibid., 297.
11. Ibid., 293.
12. Ibid., 302.
13. Ibid., 268.
14. Friedrich Nietzsche, *On the Geneology of Morals,* trad. para o inglês Walter Kaufmann (Nova York: Vintage Books, 1989), 61.
15. Gurganus, "Blessed Assurance", 303.
16. Tu Wei-Ming, *Centrality and Commonality: An Essay on Confucian Religiousness* (Albany, NY: State University of New York Press, 1989), 91.
17. Gurganus, "Blessed Assurance", 304.
18. Ibid., 257.
19. Ibid.
20. William James, *Pragmatism* (Buffalo, NY: Prometheus Books, 1991), 5.
21. Gurganus, "Blessed Assurance", 263.

Capítulo 4
1. Niccolo Machiavelli, *The Prince* (Londres: Penguin Books, 1988), 51.
2. F. Scott Fitzgerald, *The Love of the Last Tycoon* (Nova York: Charles Scribner's Sons, 1941), 106.
3. Ibid., 115.
4. Ibid.
5. Ibid., 116.
6. Ibid.
7. Ibid., 82.

8. O poema foi escrito em espanhol e traduzido para o inglês de várias maneiras. Ver Pablo Neruda, "La Poesia", *Isla Negra* (Black Island), trad. para o inglês Ilan Stavans (Nova York: Farrar, Straus and Giroux, 2003), 658-659.
9. Fitzgerald, *The Love of the Last Tycoon*, 110.
10. Alfred Lansing, *Endurance* (Nova York: Carroll & Graf Publishers, 1999), 123.
11. William James para sua esposa, Alice Gibbons James, 26 de dezembro de 1878, em *The Letters of William James*, ed. Henry James (Boston: Atlantic Monthly Press, 1920), 199.
12. Fitzgerald, *The Love of the Last Tycoon*, 93-94.
13. Ibid., 96.
14. Ibid.
15. David McCullough, *John Adams* (Nova York: Simon and Schuster, 2001), 58.
16. Adam Smith, *An Inquiry into the Nature and Causes of the Wealth of Nations* (Chicago: University of Chicago Press, 1976), 18.
17. Fitzgerald, *The Love of the Last Tycoon*, 106.
18. Ibid., 45.
19. John Maynard Keynes, *The General Theory of Employment, Interest, and Money* (Nova York: Prometheus Books, 1997), 161.
20. Este episódio e o diálogo aparecem em Fitzgerald, *Love of the Last Tycoon*, 33.
21. Carol J. Loomis, "The Larger-than-Life Life of Robert Rubin", *Fortune*, 24 de novembro de 2003, 64.
22. Fitzgerald, *Love of the Last Tycoon*, 1.
23. Ibid., 28.
24. Michael J. Sandel, *Liberalism and the Limits of Justice* (Cambridge: Cambridge University Press, 1982), 15-24.

Capítulo 5

1. Joseph Conrad, "The Secret Sharer" (Nova York: Dover Publications, 1993), 86.
2. Conforme citado em *The Leader of the Future*, eds. Frances Hesselbein, Marshall Goldsmith, Richard Beckhard (San Francisco: Jossey-Bass Publishers, 1996), xii.
3. Conrad, "Secret Sharer", 113.
4. Ibid., 84.
5. Ibid., 86.
6. Ibid., 87.
7. Ibid., 88.
8. Ibid., 86.
9. Ibid.
10. John Kifher e James Dao, "Death Visits a Marine Unit, Once Called Lucky", *New York Times*, 7 de agosto de 2005, 1.
11. Conrad, "Secret Sharer", 96.
12. Ibid., 103.
13. Ibid.
14. Ibid.
15. Katherine Graham, *Personal History* (Nova York: Vintage Books, 1987), 550.
16. Conrad, "Secret Sharer", 99.
17. Ibid.
18. Ibid., 106.
19. Ibid., 111-112.
20. Bob Ryan, "A Stolen Moment of Fame", *Boston Globe*, 7 de agosto de 2005, C13.

21. Conrad, "Secret Sharer", 102.
22. David McCullough, *John Adams* (Nova York: Simon & Schuster, 2001), 168.

Capítulo 6
1. Louis Auchincloss, *I Come as a Thief* (Boston: Houghton Mifflin Company, 1972), 53.
2. Ibid., 55.
3. Ibid., 56.
4. Ibid., 24.
5. Ibid., 11.
6. Daniel Halévy, *My Friend Degas*, trad. e ed. Mina Curtiss (Middletown, CT: Wesleyan University Press, 1964), 119.
7. Auchincloss, *I Come as a Thief*, 191.
8. Ibid., 66.
9. Ibid.
10. Ibid., 173.
11. Ibid.
12. Ibid., 161.
13. Ibid.
14. Apocalipse 16:15, trad. João Ferreira de Almeida.
15. Auchincloss, *I Come as a Thief*, 214.
16. Ibid., 230.
17. Joseph Heller, citado em Cybernation.com Quotation Center, http://www.cybernation.com/quotationcenter/quoteshow.php?id=35006.
18. Calvin Trillin, *Remembering Denny* (Nova York: Warner Books, 1993), 25.
19. Auchincloss, *I Come as a Thief*, 191.
20. Ibid., 31.
21. Donald M. Frame, *The Complete Essays of Montaigne* (Stanford, CA: Stanford University Press, 1958), 850-851.
22. Auchincloss, *I Come as a Thief*, 23.

Capítulo 7
1. Richard H. Tawney, *Religion and the Rise of Capitalism* (Nova York: Harcourt, Brace, 1926), 184.
2. Jonathan Swift, *Prose Works*, vol. 13 (Oxford: Basil Blackwell, 1959), 123.
3. "A Man for Most Seasons", *The Economist*, 16 de maio de 1998, 7.
4. Robert Bolt, *A Man for All Seasons* (Nova York: Vintage International, 1990), 23.
5. Ibid., 4.
6. Ibid., 20.
7. Ibid., 22.
8. Ibid., 24.
9. Ibid., 30.
10. Ibid., 31.
11. Lionel Wijesiri, "The Trial of Thomas More", *Sunday Observer*, 27 de março de 2005.
12. "David F. Powers (1912-1998)", John F. Kennedy Library and Museum, 27 de março de 1998.
13. Hugo Young, "One of Us: A Biography of Margaret Thatcher", *The Times* (Londres), 9 de abril de 1989.
14. Bolt, *Man for All Seasons*, 55.
15. Ibid., 92.
16. Ibid., 132.
17. Ibid., 52-53.
18. Ibid., 90.
19. Ibid., 141.
20. Ibid., 145.
21. Peter J. Gomes, *Strength for the Journey* (Nova York: HarperCollins, 2003), 43.
22. Bolt, *Man for All Seasons*, 94.

23. Ibid., 126.
24. Ibid., 7.
25. Ibid., 64-65.
26. Ibid., 158.
27. Ibid., 115.
28. Douglas Martin, "John H. Johnson, 87, Founder of *Ebony*, Dies", *New York Times*, 9 de agosto de 2005, C22.
29. Francis J. Aguilar e E. Tatum Christiansen, "Schlumberger, Ltd.: Jean Riboud", Case 3-384-087 (Boston: Harvard Business School, 1987).
30. Bolt, *Man for All Seasons*, 113.
31. Ibid., 32.
32. Ibid., 67, 91.
33. Ibid., 122.
34. William George e Andrew N. McLean, "Anne Mulcahy: Leading Xerox Through the Perfect Storm (A)", Case 9-405-050 (Boston: Harvard Business School, 2005), 7.

Capítulo 8
1. Sófocles, *The Theban Plays* (Londres: Penguin Books, 1974), 131.
2. Este relato do papel da tragédia na vida ateniense baseia-se em Martha C. Nussbaum, *Love's Knowledge* (Nova York: Oxford University Press, 1990), 15-16.
3. Sófocles, *Theban Plays*, 128.
4. Ibid., 139.
5. Ibid., 150.
6. Ibid., 129.
7 Ibid., 131.
8. Ibid., 131.
9. Ibid., 129.
10. Ibid., 131.
11. Ibid., 132.
12. Ibid., 133.
13. Ibid., 135.
14. Ibid., 136.
15. Ibid.
16. Ibid., 142.
17. Ibid., 148.
18. Ibid., 148-149.
19. Ibid., 145.
20. Ibid., 154.
21. Ibid., 148.
22. Ibid., 146.
23. Ibid., 162.

Capítulo 9
1. Laura Holson, "Delaware Judge Rules for Disney in Firing of Ovitz", *New York Times*, 10 de agosto de 2005, 1.
2. Friedrich Nietzsche, *Thus Spoke Zarathustra*, trad. para o inglês Joseph Cannon (Amherst, NY: Prometheus Books, 1993), 215.
3. Aguilar e Christiansen, "Schlumberger, Ltd.: Jean Riboud", 7-8.
4. Lisel Mueller, "Why We Tell Stories", em *The Need to Hold Still* (Baton Rouge, LA: Louisiana State University Press, 1980), 63.

Bibliografia
1. William Henderson, *Rotten Reviews* (Nova York: Barnes & Noble Books, 1995), 79, 78.
2. "John Rawls", *The Economist*, 5 de março de 2002, 81.

BIBLIOGRAFIA

As obras de ficção discutidas neste livro não são "os grandes livros" ou "os grandes livros sobre negócios". Foram escolhidas pelas visões que oferecem sobre questões de caráter que homens e mulheres com sérias responsabilidades nas empresas têm de enfrentar. Além do mais, desconfio do modo de ver a literatura pela perspectiva dos "grandes livros". Há poucos anos, por exemplo, um pequeno volume intitulado *Rotten Reviews* (Resenhas Podres) apresentou algumas das primeiras críticas de livros que hoje são considerados clássicos. *Anna Karenina* foi declarado "lixo sentimental" e um crítico achou que *Viagens de Gulliver* era "evidência de uma mente doente e um coração dilacerado".[1]

Uma avaliação melhor da ficção séria, eu acredito, é ver se ela passa em dois testes simples. Alguns livros cativaram homens e mulheres durante décadas ou séculos – em essência, passaram no teste do tempo. Outros livros passam no teste da leitura e releitura pela sua profundidade e riqueza. Os leitores procuram esses livros com variados interesses e questões, e ganham idéias e orientação sobre muitos aspectos da vida. A filósofa Hilary Putnam certa vez descreveu um clássico da filosofia dizendo que quanto mais inteligente você ficava mais inteligente ele se tornava.[2] Do mesmo modo, a literatura séria vale a pena ser relida.

Os livros relacionados aqui encaixam-se em dois critérios e dão inspirações preciosas sobre problemas relacionados à liderança e ao caráter que os líderes nas empresas precisam enfrentar.

LOUIS AUCHINCLOSS, *The Collected Short Stories of Louis Auchincloss*
Na sua maior parte, são contos sobre homens e mulheres da elite social e econômica da cidade de Nova York, escritos por um homem que passou a sua vida nesse meio e teve uma dupla carreira como advogado e autor prolífico de livros.

LOUIS AUCHINCLOSS, *The Rector of Justin*
Um retrato fascinante da vida e da obra do fundador de uma escola preparatória da Nova Inglaterra – uma história de capacidade de organização, idealismo, perspicácia e pragmatismo.

ALBERT CAMUS, *A peste*
Uma história sobre a resistência do espírito humano diante do horror quase avassalador, quando a peste bubônica assolou uma cidade em quarentena, na Argélia.

RAYMOND CHANDLER, *The Big Sleep*

Um clássico das histórias de detetive americano, publicado pela primeira vez em 1939, que pode ser lido como uma história sobre a busca da excelência profissional e os dilemas morais que surgem da dedicação a um cliente.

JOSEPH CONRAD, *O tufão*

Uma história de coragem moral no mar, que gira em torno de um herói improvável – um tranqüilo e despretensioso capitão de navio.

THEODORE DREISER, *O financista*

A ascensão e queda, e subseqüente ascensão, de um financista do século dezenove – o equivalente, em muitos aspectos, a Michael Milken.

F. SCOTT FITZGERALD, *O grande Gatsby*

A famosa história de Jay Gatsby, um bem-sucedido financista nos Roaring Twenties e sua enganadora busca de uma boa vida.

NATHANIEL HAWTHORNE, *A letra escarlate*

A história de Hester Prynne, uma mulher da seita dos puritanos condenada por adultério, do seu marido e do seu amante, que é também um admirado ministro da igreja. Prynne, em muitos aspectos, alguns surpreendentes, desponta como a líder moral da história.

JOSEPH HELLER, *Something Happened*

Uma comédia negra, do autor de *Catch-22*, sobre sucesso na vida corporativa e um executivo que sobe rápido na sua carreira e gosta de viver na superfície das coisas.

WILLIAM DEAN HOWELLS, *The Rise of Silas Lapham*

No nível mais simples, esta é a história de um fabricante de tintas bem-sucedido e sua família nos anos que se seguiram à Guerra Civil americana, mas explora temas relacionados a classe, riqueza, ambição, sucesso e fracasso.

BARBARA KINGSOLVER, *The Poisonwood Bible*

A história da tranqüila e heróica liderança de uma mãe que leva os filhos para o Congo, acompanhando o marido missionário, em seguida o abandona e a África e refaz a vida a partir dos destroços dessas decisões.

DAVID LODGE, *Nice Work*

Um livro sério e engraçado sobre o que duas pessoas aprendem com a colisão de seus mundos muito diferentes. Um é gerente de fábrica; o outro, professor de literatura desconstrucionista.

DAVID MAMET, *Glengarry Glen Ross*

Peça vencedora de um Prêmio Pulitzer, que fala da brutal competição entre um grupo de agentes imobiliários. Existe também uma versão desta peça para o cinema (*O sucesso a qualquer preço*).

JOHN MARQUAND, *Point of no Return*

Um banqueiro de sucesso na área de investimentos volta para a sua cidade natal e reflete sobre as escolhas que influenciaram a sua vida.

ARTHUR MILLER, *All My Sons*

Uma família descobre a verdade sobre as decisões de um pai no trabalho e todas as suas conseqüências.

AYN RAND, *Atlas Shrugged*

Uma muito longa, às vezes entediante, mas vigorosa e memorável declaração de filosofia individualista e de livre-mercado.

WILLIAM SHAKESPEARE, *Macbeth*

Um estudo sobre ambição, valores escusos e a poderosa sedução dos atalhos que levam ao sucesso.

GEORGE BERNARD SHAW, *Major Barbara*

Uma peça espirituosa, complexa e surpreendente sobre um fabricante de armas e sua filha idealista.

LEO TOLSTOY, *A morte de Ivan Ilyich*

A sombria narrativa sobre um homem ambicioso e bem-sucedido, e a descoberta do vazio que sua vida se tornou.

LEON TOLSTOY, *Guerra e paz*

Um livro que vale a pena ser lido e relido por múltiplas razões, entre as quais estão os retratos vívidos e inesquecíveis que Tolstoy faz de homens e mulheres que mudam o mundo, tanto no grande palco da vida como nos modos sutis e cotidianos.

JOHN UPDIKE, *Rabbit at Rest*

O último livro da famosa trilogia de Updike recontando a vida de Harry Angstrom, um homem comum de classe média, e a evolução da sociedade americana desde a década de 1950 até a de 1980.

GORE VIDAL, *Lincoln*

Uma longa e magistral obra de ficção histórica que retrata não só a história do período de Lincoln como presidente dos Estados Unidos, mas também os seus pensamentos e sentimentos, assim como os daquelas pessoas com quem ele viveu e trabalhou.

TOM WOLFE, *Fogueira das vaidades* e *Um homem por inteiro*

Dois extensos, divertidos, muitas vezes satíricos, retratos da vida e da sociedade americana empresarial. O primeiro vê o mundo através da experiência de um banqueiro de investimentos de Nova York durante a década de 1980. O segundo, através de um incorporador de imóveis de Atlanta durante a década de 1990.

Agradecimentos — As origens deste livro e a dívida que tenho com meus colegas, amigos e família datam de muitos anos. Há mais de dez anos, John McArthur, na época decano da Harvard Business School, convidou o professor Robert Coles para dar um curso de MBA. Foi uma ousadia: Coles é psiquiatra infantil e prolífico autor com um forte interesse por literatura, portanto seus antecedentes pareciam não ter nada a ver com dar aulas num MBA. Coles apesar de tudo aceitou o convite e deu um curso, que vinha desenvolvendo havia alguns anos, no qual os alunos lêem obras de ficção em vez de análises de problemas. Eu observei várias das suas aulas notáveis e em seguida desenvolvi a minha própria versão do curso de Coles, usei-a nas minhas turmas durante dez anos e acabei aproveitando como base para este livro.

Sou muito grato a John McArthur por sua capacidade intelectual de organização, e a Robert Coles pela utilização pioneira da ficção no treinamento profissional. Aprendi muito também com três antigos colegas — Mary Gentile, Leigh Hafrey e Scotty McLennan — que também desenvolveram e ensinaram em cursos de MBA baseados na ficção, na Harvard Business School.

Seus esforços e os meus foram parte de um grande empenho na escola, que já vem ocorrendo há quase vinte anos, no sentido de desenvolver cursos inovadores, realizar pesquisas, e lançar iniciativas que ajudem estudantes e administradores a serem líderes responsáveis. Os muitos ex-alunos da escola — em particular, o falecido John Shad — proporcionaram os recursos que tornaram possível este esforço. Sou muito grato a eles, aos decanos John McArthur e Kim Clark por seu intenso apoio à iniciativa ética da escola, e aos chefes da Divisão de Pesquisas por me darem o tempo e os recursos para escrever este livro.

A iniciativa ética na Harvard Business School reuniu um grupo extraordinário de professores. Uma das melhores coisas na minha vida profissional tem sido trabalhar com esses colegas, e aprendi muito com eles. Em particular, sou agradecido a Rohit Deshpande, Bill George, Allen Grossman, Joshua Margolis, Nitin Nohria, Lynn Paine, Tom Piper, Hank Reiling, Mal Salter e Sandra Sucher. São indivíduos sábios, atenciosos, dedicados e práticos, e influenciaram este livro de inúmeras formas sutis e significativas.

Alguns desses colegas também leram rascunhos do manuscrito e me deram muitas sugestões ponderadas. Sou especialmente agradecido a Bill George, Joshua Margolis, Lynn Paine e Sandra Sucher por suas valiosas contribuições. Meu amigo Kenneth Winston ajudou-me a resolver muitos dos aspectos mais desafiadores deste esforço, como fez minha mulher, Patricia O'Brien. No fim do projeto, três das minhas filhas, Maria, Anna e Luisa, me deram muitas sugestões úteis. Finalmente, em muitas situações críticas, minha editora, Melinda Adams Merino, ofereceu inestimáveis idéias, orientação e incentivo.

Por fim, tive o privilégio, durante mais de duas décadas, de liderar e participar de discussões em sala de aula sobre liderança, administração, ética e responsabilidade com muitos dos extraordinários alunos do MBA e executivos. Eles me ensinaram tanto — ou talvez até mais — quanto eu os ensinei, e este livro é dedicado a eles.

Este livro foi impresso na Editora JPA Ltda.,
Av. Brasil, 10.600 – Rio de Janeiro – RJ,
para a Editora Rocco Ltda.